NICK LIVING
LUFTSCHIFF NACH LIEGNITZ

GEDICHTE

Frag nach der Vergangenheit
Lebe sie in deinem Sinn
Denke an die Fröhlichkeit
Denke so darüber hin

Schlesien in dir und mir
Spür dein Herz,
es schlägt nach dort
Gehe fort und komm nach hier
Ach, es ist dein Heimatort
Und du willst nie wieder fort

Meine Heimat

Ob ich dort am Teich
noch einmal glücklich wär
In der fernen Stadt, wo ich einst als Kind
Ach, die Träume wiegen oft so schwer
Ich musste fort und war so blind

Und im Wald, wo ich so oft gespielt
Bei der fernen Stadt,
wo sich Oma kannte aus
Mir hat´s so oft ins Herz gezielt
Meine Heimat, mein vertrautes Haus

All die Straßen –
ich sehe sie noch vor mir
Meine ferne Stadt, wo ich einmal gelebt
Und die Erinnerung wiegt so schwer
Vergangenheit in mir,
die im Kopfe schwebt

Heimat

Alles sieht vergessen aus
Dreck aus alter dunkler Zeit
Schön hat´s nur manch graue Maus
Alles sieht so traurig aus
Alle Freud erscheint so weit

Keine Hoffnung, wenig Glück
Wege enden nirgendwo
Hier möcht man nur noch zurück,
dorthin, wo das große Glück
Dieser Kiez macht keinen froh

Hausfassenden bröckeln ab
Manch Gesicht scheint ohne Lust
Hier, wo niemand Hoffnung hat,
bröckelt die Fassade ab
Und es blüht nur Hass und Frust

Doch ich zieh durch jene Welt,
die mir noch so sehr vertraut
Damals hatt ich wenig Geld,
hier in dieser tristen Welt
Hier, wo mancher Traum verbaut

Vor dem Haus am Straßeneck
bleib ich stehn und schau mich um
Zwischen Autolärm und Dreck
wacht dies Haus am Straßeneck
Einsam steht's und ziemlich krumm

Lehn mich weinend an die Wand,
die so vieles schon gesehn
Ja, sie hat mich gleich erkannt,
diese alte Häuserwand,
ist heut nicht mehr stark und schön

Ach, sie hat mich lang beschützt
vor dem Leben, vor manch Klag
Hab einst etwas eingeritzt
in die Wand, die mich beschützt
Und ich les – es ist noch da!

Bald schon geh ich fort sodann,
durch die Straßen, die so trist
Bin ich heut ein andrer Mann?
Wo kommt man im Leben an?
Dort nur, wo die Heimat ist!

Nach Hause

Es ist Sommer in der Stadt
Denk an Euch die ganze Zeit
Ob ihrs schön und ruhig habt
Heut, an diesem Sommertag
Ach, ihr seid so weit, so weit

Träume mich ins Elternhaus
Hier, in dieser großen Stadt
Manchmal halt ich's kaum noch aus
Möchte fliehen, will nach Haus
Weil ich so viel Heimweh hab

Denk an all die Feste dort,
an manch gut- und schlechtes Jahr
An so manches böse Wort
Denk an all das Leben dort
So, wie es zu Hause war

Manchmal war ich voller Frust
Wollte weg, nur einfach raus
Hatt auf Heimat keine Lust
Lachte kaum, verdammter Frust!
Dabei war's doch mein Zuhaus

Jetzt begreif ich immer mehr
Liebe fand ich nur daheim
Sehn mir meine Liebsten her
Ja, ich spür es mehr und mehr
Will im Geist bei Euch nur sein

Es ist Sommer in der Stadt
Denk an Euch die ganze Zeit
Dort, wo´s Heimweh Flügel hat
Träum ich mich aus dieser Stadt
Träum nach Haus mich, das so weit

Suche

Suche nach dem „Irgendwas"
In manch neuer, alter Zeit
War es Liebe, war es Hass?
War's am End ein kleiner Spaß?
Waren wir für uns bereit?

Suche nach dem fernen Ort
Regen- oder Sommertag
Wo nur ist Dein liebes Wort?
Fern liegt jener ferne Ort,
wo mit Dir am Strand ich lag

Suche nach dem guten Traum
Jenseits dieser schönsten Zeit
Hoffnungen im leeren Raum
Du bist hier in meinem Traum
Hab mich längst noch nicht befreit

Am Meer

Der Abend kommt, mich zieht's ans Meer
Ich sehn mir alles Schöne her
Hier kann ich vieles klarer sehn
Und weiß, das Meer wird mich verstehn

So viele Dinge tun sich auf
an diesem Strand, ich nehms in Kauf
Hier wo die Sonne untergeht,
Hier, wo ein raues Lüftchen weht

Dann träum ich mir die Sorgen fort
An diesem magisch, guten Ort
Ich fühl mich nicht mehr so allein
Am Meer möcht ich wohl immer sein

Ganz sicher war's nicht immer leicht,
Oft hat es nicht ganz ausgereicht
Dann stand ich trotzdem wieder auf
und sah nach vorn und pfiff darauf

Mit meinem Stolz und festem Blick
stemm ich mich gegen Ungeschick
Und lass das Böse hinter mir
Ich hab noch meinen Traum in mir

Ganz tief im Herz ein Feuer brennt
Es ist so stark und mir nicht fremd
Es ist ein Lied und ein Gedicht
Es spendet Leben mir und Licht

Und meine Tränen, die so heiß
Ja selbst mein Lachen, laut und leis
Die Liebe auch zum Heimathaus
All das bin ICH, das macht mich aus

Ich weiß, in mir steckt so viel Kraft
Im Leben hab ich viel geschafft
Dies Auf- und Ab hat mich geprägt,
Und neue Zuversicht gesät

Ja, viele Jahre sind vorbei
Bin nicht mehr jung, doch einerlei!
Die Hoffnung treibt mich durch die Zeit,
vorbei an Tränen, Frust und Leid

Nun ist es Nacht, ich bin noch hier
Ich brauche Dich, Du kluges Meer
Ich sitz am Strand und hör dir zu,
und träum mit dir, genieß die Ruh

An Gott

Sag mir, warum hilfst Du nicht?
Lieber Gott im Himmelzelt
Schau mir doch mal ins Gesicht
Sag, warum hilfst Du mir nicht?
Es ist kalt auf Deiner Welt

Sag mir, warum sprichst Du nicht?
Lieber Gott, dort, irgendwo
Spende doch mal Trost und Licht
Sag, warum nur sprichst Du nicht?
Bin so einsam und nicht froh

Sag mir, warum bleibst Du fort?
Lieber Gott, Du großer Mann
Hörst Du nicht mein fragend´ Wort?
Sag, warum nur bleibst Du fort?
Ich zerbreche irgendwann!

Sag mir, gibt's Dich überhaupt?
Lieber Gott! Bist Du Prophet?
Bist Du leise oder laut?
Scheinst doch irgendwie vertraut
Kennst Du meinen rechten Weg?

Sag mir, wann kommt meine Zeit?
Lieber Gott, Du bist so fern
Überall scheint Dunkelheit
Sag, wann kommt mal meine Zeit?
Plötzlich strahlt ein heller Stern

Besuch im Herbst

Wenn der Oktober geht,
dann hab ich Sehnsucht
Sehnsucht nach der Heimat
Die viel zu weit entfernt vom Jetzt,
und fern von allem Treiben liegt
Dann geh ich durch die Straßen dieser Stadt,
die ich so lange nicht gesehen hab
Und die Menschen schauen mich an
Wer ist der Mann?
Und ich schau in die zahllosen Gesichter-
wer ist der Mann?
Und jede Straße scheint mir so vertraut
Mir scheint, ich war nie fort
Ich wünscht es manchmal so
Und muss doch wieder gehn
Und der kühle Herbstwind zieht
durch meine Seele
Plötzlich seh ich ein Kind in einer
Seitenstraße - es lacht mich an
Auch ich hab hier gelacht, gespielt, geweint
Damals
In der Dämmerung gehe ich die alten Wege-
ich kenn sie noch
Vor der alten Schule wieder diese
merkwürdige Angst - wie damals
Ein kleines, wackliges Gebäude, jetzt

Ich schau ich um,
suche nach vertrauten Gesichtern
Da sind so viele Jahre zwischen uns
Du jetzt so kleine Welt, die ich so liebte,
hasste, brauchte
Ich war doch glücklich
einst in deinen Armen
Erinnerungen sind ganz nah
Der kindlich schöne Weihnachtsglanz
Und Mutter versteckte die Geschenke
Wir hatten noch echte Kerzen am Baum
Noch heute lieb ich meinen
Weihnachtsbaum
Träum oft von ihm und wünscht,
er wär bei mir
Und wünscht, er sollt mir helfen,
durch all die schwere Zeit
Oh Heimatstadt
Vertraute Kirche
Dort sangen wir die Weihnachtslieder
So unbeschwert
Und jenen längst vergangenen Tag -
ich spür ihn noch, er ist so nah
Alles ist so nah, hier in meiner Stadt
Und ich bin doch so fremd
Ich schließe den Kragen von meinem Hemd
Und auch vom Mantel, der mich wärmt
Trotzdem ist mir kalt
In meiner Stadt, ich bin hier fremd, jetzt

Und muss nun fort
Ade du Zauberwald, du märchenhafter Ort
Geschichtsbuch meiner Seele
Ein heißer Tee für meine rau geweinte Kehle
an jener Bude, dort im Park
Die Dämmerung verklärt den Blick,
verklärt die alte Stadt
Könnt ich hier noch mal sein?
Für ein paar Stunden war ich wieder klein!
Ein leiser Regen fällt und Schnee
Ob ich dich wohl nochmal wiederseh?
Du, meine kleine Heimatstadt?
Mein Auto braust davon- in eine andre Welt!
Die Kindheit, sie entschwindet!
Und alle Freuden, Ängste, von damals,
zerfließen in der schwarzen Nacht
Und schnell verschwinden die wenigen
Lichtpunkte im Nirgendwo
Bald bin ich weit entfernt von jener Stadt,
die niemand kennt und niemand findet
Wo keiner etwas von mir weiß
Mir bleibt nur eine kleine Ausfahrt
an der Autobahn …

Dämmern

Es dämmert schon
Ein Duft zieht um mein Häuschen
An diesem Ort
zieht Müdigkeit nun ein
Ich schau mich um
Da piepst ein winzig Mäuschen
Und irgendwie
fühl ich mich sehr allein

Ein greller Blitz
Es wird mir immer schwüler
Und Regen wäscht
die Fenster wieder klar
Da wünscht ich mir,
es wäre etwas kühler
Doch nichts bleibt so,
wies vorher einmal war

Der Sommer naht
Ich spür schon jetzt die Hitze,
die mir so mache Stund
den Atem mir fast nahm
Da ist auch Angst
Sie kriecht durch manche Ritze
und reibt sich voller Lust
an meiner Seele wund

So will ich ziehn
in kühlere Gefilde
Wo manches nicht
so heiß gegessen wird
Ich mag sie nicht
die Angst, die immer wilde
Such nach der Ruh,
und such auch mein Gesicht

Es dämmert lang
Die Nacht wird gleich beginnen
Kein Regen mehr
Und auch kein greller Blitz
Ich weiß genau,
die Angst wird bald verrinnen
Der Sommer kommt,
und auch so mancher Witz

Kühle

Es war im Frühling,
als ich dich hier gefunden
Am weißen Strand,
da hab ich dich geküsst
Vorbei die Einsamkeit
und alle trüben Stunden
Vorbei die Trauer,
die tränenreich und trist

Es zog der Sommer ein
in unsre wilden Herzen
Am weißen Strand,
da träumten wir vom Glück
Auf unsrer Sandburg
erstrahlten hell die Kerzen
Du brachtest mir
die allerbeste Zeit zurück

Es kam der Herbst mit Stürmen,
Streit und Regen
Er hat die Sandburg
und die Kerzen fortgeweht
Da starb die Hoffnung
auf ein schönes neues Leben
Denn Du gingst fort –
für uns war´s längst zu spät

Es lag der Winter
auf der traurig müden Seele
Der weiße Strand
schien weißer als jemals zuvor
Und als vom Frühling
ich der Möwe was erzählte,
vergaß ich bald,
dass ich dich hier verlor

Eine Weihnachtsgeschichte

Ein Weihnachtsabend gegen Drei
Das junge Paar sitzt unterm Baum
Ein kleines Kind ist auch dabei
Es ist an Weihnacht gegen Drei
Was für ein schöner Weihnachtstraum

Gleich gibt's Geschenke reichlich, satt
Das Kind, gespannt, ist voll von Glück
Der Weihnachtsmann kommt in die Stadt
Und bringt Geschenke, reichlich, satt
Und Papa kennt den Weihnachtstrick

Er geht hinaus und lächelt leis
Und sagt noch schnell: Gleich ist's soweit
Die Spannung steigt, dem Kind wird's heiß
Der Papa lächelt nur ganz leis
Und so vergeht die Stund, die Zeit

Die Mutter nimmt das Kind zu sich
Und streichelt sacht ihm übers Haar
„Wo bleibt der Papa?", fragt sie sich
Und nimmt das Kind ganz sacht zu sich
Der Weihnachtsmann ist noch nicht da

Der Abend geht, längst schläft das Kind
Es hat nach Papa kurz gefragt
Vorm Hause streicht ein eisig Wind
Die Mutter bracht ins Bett das Kind
Und hofft am Fenster voller Klag

Wo bleibt der Papa, wo der Mann?
Warum in dieser Weihnachtsnacht?
Lang schaut im Spiegel sie sich an
Wo bleibt nur unser Weihnachtsmann?
Hat der sich aus dem Staub gemacht?

Am nächsten Morgen klingelts früh
Zwei Polizisten stehn vorm Haus
Sie stelln sich vor und fragen sie
Für manche Nachricht ist's zu früh!
So sieht kein Weihnachtsmorgen aus!

Man fand den Wagen irgendwo,
zerschellt an einer Häuserwand
Da war das Glatteis, einfach so,
in einer Straße, irgendwo
Den Toten man erst morgens fand

Die Polizisten gehen schnell
nach Haus, wo Weihnachtsmusik singt
An jenem Morgen wird´s nicht hell
Und mancher Tod kommt eben schnell
Manch Papa nie Geschenke bringt

Das Kind erwacht so gegen Zehn
Und fragt nach seinem Papa bald
Die Mutter bleibt im Zimmer stehn
Es ist an Weihnacht, früh um Zehn
Und in der Wohnung ist´s so kalt

Sie nimmt das Kind in ihren Arm
Und drückt es fest ans Mutterherz
Wolln wir zum Weihnachtsmann jetzt fahrn?
Sie hält das Kind ganz fest im Arm
Und schluckt hinunter ihren Schmerz

Und alle Fragen bleiben fort
Es gibt auch keine Fragen mehr
Wo gestern noch ein schöner Ort,
bleibt aller Weihnachtszauber fort
Der Weihnachtsmann kommt nimmer mehr

Sie steigt ins Auto mit dem Kind
Komm lass nach Papa uns jetzt schaun
Es weht nur eisig kalt ein Wind
Sie fährt davon mit ihrem Kind
Auch draußen steht manch Weihnachtsbaum

Man sieht sie rasen übers Land
Es fällt der Schnee so weiß und dicht
Sie nimmt das Kind fest an die Hand
Es ist doch Weihnachten im Land
Die nächste Kurve sieht sie nicht

Dann ward es still – kein Schnee, kein Wind
Nur einsam steht ein Weihnachtsbaum
Sie stieg ins Auto mit dem Kind
Und wollt zum Weihnachtsmann geschwind
Nur einmal noch den Weihnachtstraum

Und irgendwo zur Weihnachtszeit,
da wartet manches Kind verzückt
auf Papa mit dem Weihnachtskleid
Am Himmel hoch zur Weihnachtszeit
leuchten drei Sterne voller Glück …

Mona Lisa

Was für ein göttliches Gesicht
So wunderschön
Ich kann mich gar nicht satter sehn
Und dieses Lächeln,
welch wundervoller Schein
Dies kann fürwahr ein Traum nur sein

Mir ist, als sei im Himmel ich
So meisterlich
Dies unbeschreiblich Wesen
Nein, etwas Schöneres gibt's wohl nicht
Dies zauberhafte Angesicht

Bleibt mir vielleicht für immer
In den Träumen
Und auf die Knie sink ich vor Dir

Am Ende allen Seins mit Dir
Und jenseits doch
Ein märchenhafter Schimmer

Im Wald

Erinnerung an alte Zeiten
Irgendwo im tiefen Wald
Wollt mit dir zusammen bleiben
Doch die Liebe wurde kalt

Konnte dich nicht länger halten
Du gingst fort aus dieser Stadt
Und ich spür den Wind, den kalten
Weil ich nichts zum Wärmen hab

Hier im Wald ist so viel Ruhe
Ahn dich hinter jedem Baum
Schmutzbeschwert sind meine Schuhe
Schmutzbeschwert scheint mancher Traum

Hintern Busch ein wilder Eber
Selbst dies Schwein will nichts von mir
Bis zu ihm sind's nur drei Meter
Endlos weit ist's bis zu dir

Auf dem Hochsitz mach ich Pause
Einen Whisky auf uns zwei
Früher gab's für uns nur Brause
Ohne Pep war's schnell vorbei

Plötzlich ist es Nacht geworden
Und ich spür die Kälte schon
Nein, ich bin noch nicht gestorben,
auch wenn ich nicht bei dir wohn

Werd dir sicher nochmal schreiben,
weil ganz tief im Herz was blieb
Erinnerung an alte Zeiten
Denn ich hab dich doch noch lieb

Heimgang

Mein Sinn stand mir nach Nord und Süden
Ich wollte fort, woanders hin
Ich fand hier nicht den stillen Frieden
Mich zog es nur nach Nord und Süden
Hier fand ich gar nichts gut und schön

Da zog ich aus in ferne Lande
Und suchte nach dem großen Glück
Und fern am Meer, am weiten Strande
Lag ich im warmen weißen Sande
Und wollte wirklich nie zurück

Doch ewig wollts nicht Sommer bleiben
Der Strand lag einsam wie mein Herz
Da kamen eisig kalte Zeiten
Ich konnt nicht leben, konnt nicht bleiben
Und fuhr zurück, ganz ohne Schmerz

Bald war die Winterzeit vergangen
Und Sonne fiel ins neue Land
Ich fühlt mich nicht mehr unverstanden
Ich bin ins Heimatland gegangen
Wo ich bald neue Hoffnung fand

Regenguss

Ein Regenguss fällt in dein Leben
Ein Regen fällt in deinen Tag
Du schimpfst und fluchst
und willst nicht beten
Doch irgendwann, da trifft es jeden
Und du vergehst in Leid und Klag

Ein Donnerschlag zerreißt die Seele
Ein Donnerschlag zerbricht dein Hirn
So wundgeschrien die trockne Kehle
Dass diese Zeit bloß schnell vergehe
Dass dich die Ängste nicht verwirrn

Ein Blitz zuckt grell in deine Augen
Ein Blitz verbrennt den müden Blick
Fast blind suchst du nach Gottvertrauen
Und willst den Menschen wieder glauben
Doch du bewegst dich nicht ein Stück

Sturm

Ein Sturm dringt ein in die Gedanken
Er fegt die letzten Tränen fort
Und plötzlich brichst du alle Schranken
Du fühlst dich nicht mehr unverstanden
Brichst auf zu einem neuen Ort

Die Hoffnung birgt stets neues Leben
Geh einfach los, hör auf dein Herz
So vieles kannst du jetzt bewegen
Denn Hoffnung birgt stets neues Leben
Dein Wille treibt dich himmelwärts

Den Wind zu spürn, die Sonne sehen,
dies alles gibt es nicht für Geld
Mensch komm, steh auf, du kannst verstehen
Auch du wirst bald die Sonne sehen
Und kämpfen auch für deine Welt

Ja du bist gut! Weiß um dies Wissen!
Mach deine Träume endlich wahr
Dann wird ein bessrer Tag dich grüßen
Denn du bist gut und willst es wissen!
Dein Leben wird ganz wunderbar

Traum

Auf dem Weg ins Zauberlande,
mit dem Segelboot weit fort
An den weißen fernen Strande
An den unbekannten Ort

Zog ich nachts mit Dir im Traume
Und mein Herz schlug laut, so laut
Dort am Rand von Zeit und Raume
prickelte die nackte Haut

Und wir küssten uns im Winde,
der uns durch die Seele strich
Jene Nacht der großen Sünde
blieb am End doch trügerisch

Kalter Winter

Der Winter ist so kalt
Ich sehne mich nach Dir
In dieser Traurigkeit
Allein
Und getrennt von Dir
Bin ich am See
Er ist so kalt
Ich fühle mich nicht wohl
Und ein heftiges Gewitter droht
Es will mich töten

Fremde Gesichter
Sie sind mir unbekannt
Doch kenn ich sie
Von irgendwoher
Schatten in der Fremde
Spuren im Schnee
Mein eigener Herzschlag
Der mich betäubt
Er lässt mich nichts mehr fühlen
Und auch nichts sehen
Bin ich gar blind?
Oder nur stumm?
Zu dumm und blöd für dieses Sein?

Blumen für die Spinner
Und keiner kann es so gut wie ich
Bin ich nicht ehrlich?
Zu Dir? Zu mir?
Zu allen um mich herum?
Zu wem eigentlich?
Ich lüge nie, und doch immer wieder
Weil ichs nicht anders kann
Ich bin doch klug!
Oder etwa nicht?
Wenns um mich geht,
bin ich zu doof!
Es bleiben tausend Fragen!

Du gehst mit mir ins Ungewisse
In die Stadt der Angst
Die Stadt der Fremdheit
Du gehst mit mir ins Reich des Alleinseins
Des Fluches und der Flucht
In ein Reich der unbezwingbaren Sucht
Doch nur in den Gedanken
Ich torkele und spür sie nicht
Die Seele
Nein, ich bin noch nicht betrunken
Und Drogen sind mir fremd
Ich werd sie niemals nehmen
Es bebt das Meer
Der Ozean in jener Welt
Der Abgeschriebenen

Ich bin kein neuer Mensch
Ich bin schon alt
Und jung geblieben
Und doch so fern von allen Lüsten oder
Trieben
Im Moment
Denn Du bist fort
Und all die Fremden um mich herum
Sind wie Gespenster
Sind ohne Namen
Und ohne Gefühle auch
Mich drängts zur Flucht
In neue Räume
In einen andern Schoß
Und dann wird auch die Sonne
wieder scheinen
Denn in diesem Leben
Kann ich ändern - und bleibe dennoch
Immer ICH!

Abschied?

Ich steh auf einer Brücke
Gespenster spielen im Fluss
Im Hirn klafft eine Lücke
Die Seel braucht eine Krücke
Im Hirn nur eine Lücke
Ich habe keine Bitte
Und hab auch keinen Gruß

Die Nacht senkt sich hernieder
Ich wart auf Irgendwas
So fern die Sommerlieder
Ich schau aufs Wasser nieder
Wann kommt die Hoffnung wieder?
Und jene Sommerlieder?
Und aller Lebensspaß?

Die Uhr schlägt Mitternachte
Und Nebel steigt empor
Die Kälte kommt ganz sachte
Du gingst, eh ich es dachte
Warst fort, als ich erwachte
Jetzt schlägt's nur Mitternachte
Ein Spiel, das ich verlor

So gern wär ich gesprungen
Doch größer schien die Angst
Es ist mir nicht gelungen
Und dort, wo wir gesungen
Mit Herz und aus den Lungen
Da bin ich nicht gesprungen
Ob Du wohl um mich bangst?

Es naht der neue Morgen
Ich schrecke hoch, s ist Fünf!
Im Schweiße aller Sorgen
Lieg ich bei Dir geborgen
Im weichen Bett verborgen
Und Du lachst ohne Sorgen
Ich hab noch an die Strümpf

Morgen

Wenn die frühen Nebel
über saftge Wiesen steigen
Und ein erster Sonnenstrahl
die trüben Augen öffnen will,
möchte auch ich nicht länger
in der dunklen Nacht verweilen
Muss raus ins Leben
Denn ich hab ein gutes Ziel

Doch mag ich niemals
Deinen starken Arm vermissen,
der mich noch hält
Denn Du liegst schlafend neben mir
Viel lieber würd ich
Deinen schönen Körper küssen
An diesem Morgen
Ich spüre herbe Lust nach Dir

So atme ich noch mal
den süßen Duft von Deinen Haaren
Spür wie Dein Körper
Langsam nah an meinen kriecht
Und wie Dein Mund sich strafft
Mit sicherem Gebaren
empfang ich Deine Liebe
und das junge Sonnenlicht

Bis wir erschöpft
erneut die müden Augen schließen
Im Traum des Glücks
so nah wie nie vorher
Ein Spatz am Fenster
pfeift lustig, froh
Er will uns wohl begrüßen
Und in der Ferne rauscht
das wilde raue Meer

Erinnerungen

Bunte Farben in den eingeschmolzenen
Träumen meiner Kinderzeit
Ich bin an einem Punkte angekommen,
an welchem ich nicht mehr weiter weiß
Und ich suche einen Rat
in den alten Märchenbüchern
Und ich wünsch mir die Wahrheit
aus den seidenen Zaubertüchern
Und weiß doch längst-
Ich bin schon lang zu alt
für diese fernen fernen Spiele

Teddybären mit den blauen Schleifchen
und der grüne Wasserball
Er schwimmt behänd davon
auf den Wogen meiner kalten Tränen
Ich kann ihn nicht mehr halten
Ach Teddy,
gib mir doch wie früher einen Halt
Aber er schweigt, sie ist eben vorbei,
die Zeit der Feen und der Aschenputtel
Im zerbrochenen Spiegel
wirkt mein Gesicht so müde – oder schwach
Und es wirkt blass
Und ich spür es längst
Ich bin schon lang zu alt
für diese fernen fernen Spiele

Die alten Kinderlieder,
wo alles noch so rein und klar,
wo ich mal unbeschwert und glücklich war,
sind längst verklungen
in verklärender Unendlichkeit
Die holt mir keiner mehr zurück
Jetzt rennt man wohl nach andren Sachen
Ich habe das Verlieren nicht verlernt
Und in den feuchten Nebeln
verwunschener morgendlicher Wiesen
seh ich der Liebsten makelloses Antlitz
nimmermehr
Gewesen ist gewesen!
Und ich weiß es längst
Ich bin schon lang zu alt
für diese fernen fernen Spiele

Frühlingsweise

Wenn am Berg die Veilchen stehen
und erblühen und sich wiegen
in dem lauen Frühlingswind,
werd ich wieder mit Dir ziehen,
durch die Täler, über Höhen,
bis die klare Nacht beginnt

Und am Fluss werd ich Dich küssen
und es sagen und es wissen,
dass Du mich noch immer liebst
Ja, der Morgen wird uns grüßen
nach dem heißen, nach dem süßen
Frühlingsstrom, der in uns fließt

Zeit

Manchmal denk ich,
ich sei ein Stück Holz,
das da treibt auf dem Wasser
Irgendwo,
im nahen Bach am Wald
Und irgendwo
das mächtige Wasser
und das schwache Holz
Es treibt und treibt
Und ist wohl ausgeliefert
diesem Wasser überall
Und ist der Bach auch noch so klein,
das Holz muss dienen diesem Lauf
Dem Lauf der Dinge
Dem Lauf des Lebens
Es flieht vielleicht,
von einer leichten Woge abgetrieben,
auch mal ans Ufer fast
Doch bleibt es immer an der Oberfläche
des Wassers, noch
Und manchmal denk ich,
es geht bald unter,
gnadenlos,
irgendwann
Doch treibt es weiter, ganz einfach so

Vor vielen Jahren,
als ich noch ein Kind,
hab ich ein Holz in jenen Bach geworfen
Und bin mit einem Floß
ihm nachgefahren, irgendwohin,
bis an den Sumpf
Dort ging es nicht mehr weiter
Doch irgendwo,
da findet jedes Holz den Weg
Das Stückchen Holz treibt fort
Und immer weiter
Immer fort
Bis zu dem dicken großen Stein
Es verweilte dort nur kurz
Ich dacht, jetzt geht es unter
Doch treibt es balde,
wie von Geisterhand geschubst,
an jenem Stein vorbei
Ist frei
Und ist so leicht und wird getragen
von diesem Bach,
der wird zum Fluss
und mündet bald ins Meer
Und trifft so viele seiner Brüder
Doch saugt sich's auch voll
Ist nicht mehr leicht
Sinkt irgendwann,
so erdenschwer,
auf einen dunklen Grund

Dann ist es weich
Und es zersetzt sich
Ist plötzlich fort
Und nicht mehr da
Und keiner weiß, dass es mal hier
und fröhlich einst geschwommen
Durch Raum und Zeit
Drum nutzt die Kindertage
und auch die Jugendjahre
und lacht und seid gesund
Zu schnell vergehn die Zeiten
Und schwer und alt
sinkt ihr auf jenen Grund Eures Lebens
Und bleibt dort ruhen,
bis Euer letzter Tag gekommen
Denn Ihr seid, wie alle hier
Es liegt an Euch,
die Zeiten zu erleben
Freut Euch an dieser Welt
Sie ist nur einmal
Und zieht an Euch vorüber
Nehmt sie stets mit
Und lasst sie niemals ziehn
Ihr habt die Chance
als Mensch,
denn ihr seid keine Hölzchen …

Das Leben

Das Leben fließt so wie ein Strom
Mal langsam noch, dann wieder schnell
Es fließt nur so, wer fragt da schon
Das Leben ist ein langer Strom
Es ist oft dunkel, selten hell

Es ist nur da und bringt die Zeit,
in der wir sehen und verstehn
Wir fühlen Glück, erleben Leid
Und es vergeht mit aller Zeit
Bis nichts mehr von uns bleibt bestehn

Der Wind fegt über kahles Land,
auf dem es so viel Leben gab
Es liegt oft nicht in unsrer Hand
Es fegt nur Wind über das Land
Und streichelt sacht so manches Grab

Man möcht so gerne ewig sein,
um eins zu werden mit der Welt
Um alt zu werden, wie ein Stein
Ja, manchmal möchte man ewig sein
Niemals verlieren, was man hält

Doch fließt das Leben wie ein Strom
Und bliebt nicht stehen, treibt uns fort
So manches fließt uns da davon
Denn es geht weiter, mit dem Strom
Und bleibt nie ein beständig Ort

Alte Frau

Sie denkt sehr selten nur an Morgen
Die alte Frau ist ohne Sorgen
Sitzt auf der Bank, vorm Haus, im Tal
Und es ist Frühling - wiedermal

Im Sommer zieht´s die Frau zum Garten
Sie will jetzt nicht mehr länger warten
Die Rosen und die Nelken blühn
Sie will nochmal im Tanz sich drehn

Der Herbst zieht ein, die Blätter fallen
Auch Vogelstimmen kaum noch hallen
Die alte Frau ruht sich nun aus
Und Nebel ziehen sanft ums Haus

Die alte Frau ist alt geworden
Und jenes Jahr scheint fast gestorben
Der Winter längst am Fenster leckt
Die Bank vorm Haus - von Schnee bedeckt

Regennacht

Du kamst in jener Regennacht
Aus fernster Ferne, von weither
Du hast mich einfach angelacht
Kamst aus der dunklen Regennacht
Und machtest, dass die Sonn mir lacht
Die Zeiten waren sonst so leer

Du kamst in meine Einsamkeit
Warst einfach da und hieltst mich fest
Um uns nur kalte Dunkelheit
Du kamst in meine Einsamkeit
Und alle Tränen schienen weit
Dein Kleid, vom Regen so durchnässt

Du küsstest mir die Ängste fort
Wir sanken in ein Wolkenmeer
Du küsstest mich und sprachst kein Wort
Du küsstest mir die Trauer fort
An diesem märchenhaften Ort
Du kamst von irgendwo weit her

Der letzte Sommer

Als hell die Sonn erstrahlte,
sah sie ins Himmelblau
Der Tag ihr Lächeln malte
in jener Sonn, die strahlte
Die schöne starke Frau

Mit Schmerzen, kaum erträglich,
ging täglich sie hinaus
Der Sommer war so herrlich
Die Schmerzen unerträglich
So einsam stand ihr Haus

Am See unter den Bäumen
Lag sie so oft und gern
Sie gab sich hin den Träumen
am See, unter den Bäumen,
bis abends kam manch Stern

Ein Herbst zog auf von Norden
mit Stürmen, nass und kalt
Sie ist so sanft gestorben
Es kam ein Herbst von Norden
Sie wurde nicht sehr alt

Es ist so ruhig geworden
im Haus am See, beim Wald
Und wie an jedem Morgen,
wo es so ruhig geworden,
die schönste Sonne strahlt

Von ihr ist nichts geblieben
und doch scheint sie nicht fort
Ich wollt sie ewig lieben
Doch ist mir nichts geblieben
an diesem schönen Ort

Ich seh noch heut ihr Lachen,
als Sommer war im Land
Und fahr in einem Nachen,
so fern von ihrem Lachen,
am Ufer leis entlang

Es war ihr letzter Sommer
Ob sie mich hört und sieht?
Mir scheint der ferne Donner
in jenem letzten Sommer
um Antwort fast bemüht

In Samt und auch in Seide
sang sie so gern vom Glück
So schwebt über der Heide,
in Samt und auch in Seide,
noch heut vom Lied ein Stück

Der Schnee deckt zu die Wipfel
Und kahl liegt Wies und Feld
Und übern steilen Gipfel,
fliegt Schnee über die Wipfel
Und ich zieh in die Welt …

Besuch am Grab

Der Regen rieselt durch die Äste
Wart auf dem Friedhof ganz allein
Gedanken um des Lebens Reste
stelln kühl in meiner Seel sich ein

Hier ist's so ruhig, endlose Stille
Nur Regen fällt auf manches Grab
So endgültig, ein letzter Wille?
Hier, wo man nichts zu sagen wagt

Da giert und jagt man durch die Zeiten
Da jammert man und will noch mehr
Und spürt nicht, wie die Jahr' enteilen,
wie alt man wird und schwach und leer

Die Jugend ist nicht festzuhalten
Der Reichtum nicht und nicht das Gut
Nichts ist auf ewig aufzuhalten,
weil irgendwann erstarrt das Blut

So will ich Einhalt mir gebieten
Denn viel zu schnell komm ich hierher
Sollt wieder neu mein Leben lieben
und Lieder singen, und noch mehr

Der Regen rieselt durchs Geäste
Und dunkel wird's im Friedhofshain
Was tu ich mit des Lebens Reste?
Schlag hoch den Kragen und geh heim

Flieger

Ich wollt so gern ein Flieger sein
Dort, irgendwo am Firmament
Nur mit dem Wind alleine sein
Wollt ich so gern ein Flieger sein
Zerreißen mir das alte Hemd

Ich wollt so gern ein Flieger sein
Ja, irgendwo am Himmelszelt
Geblieben sind nur Träumereien
So gern wollt ich ein Flieger sein
Und unter mir die ganze Welt

Ich wollt so gern ein Flieger sein
So hoch über dem blauen Meer
Doch blieb auf Erden ich allein
Ich sollt wohl nie ein Flieger sein
Denn Fliegen war für mich zu schwer

An die Eltern

Manchmal gehn die Gedanken
nach Haus, ins gute Heim
Seh all die schönen Jahre
Und manche schlimmen Tage
Wollt wieder Kind dann sein

Als ich mit Mutter rannte
durchs Tal zum Wald am Fluss
Mit Maiglöckchen im Regen
Am Ostseestrand gelegen
Am Abend manchen Kuss

Die längsten Fahrradtouren
vom Berg bis quer durchs Feld
In den Ballon gepustet
Beim Sportfest fast verdurstet
Am Schießstand ohne Geld

Kind bin ich stets geblieben-
die Zeit verging zu schnell
Geträumt bis zu den Sternen
Dann wieder fahrn und schwärmen
im Kettenkarussell

Die wilden Jugendjahre
mit bester Note „Zwei"
Kaum war ich zu belehren
Ich wollt mich ständig wehren
Blieb weg bis nachts um Drei

So manches, das ich suchte,
im Streit und auch in Wut,
das wollte ich nie sagen
War froh, dass wir uns hatten
Ihr seid mir beide gut!

Hab oftmals nicht verstanden,
dass Vieles nicht so bleibt
Dann triebs mich in die Fremde
In keine guten Hände
Und wieder starb die Zeit

Bin doch zurückgekommen
in Mutters warmen Schoß
Uns hat so viel verbunden
In jenen schweren Stunden
Dort stand mein weißes Schloss

Hätt ich es nur gesehen,
wie sie verging, die Zeit
Als ich sie dumm verschenkte
Was war's nur, das mich lenkte,
durch all die Dunkelheit?

Ich bin da raus gekommen
Von Euch hab ich die Kraft
Doch wiegt so schwer das Alte
Noch oft spür ich die Spalte,
die durch mein Leben klafft

Was ist mir heut geblieben
nach all dem Sturm der Zeit?
Wohl ist's nicht Geld, Karriere!
Vielmehr doch Glück und Ehre!
Ich habe mich befreit

Es ist so schön zu wissen,
dass einsam ich nicht bin
Ihr seid mir stets geblieben
Und als ich's aufgeschrieben,
erkannte ich den Sinn

Denn ALLDAS war mein Leben-
das Böse und der Schein,
das Auf und auch das Nieder
So manche Liebeslieder
Und mache Stund beim Wein

Nein, gar nichts will ich missen,
weil all das ICH stets war!
Ein Mensch mit seinen Träumen
Nie wollt ich was versäumen
mit Euch, ganz wunderbar

Leuchtturm

Irgendwo in ferner Zeit
blinkt ein Leuchtturm in die Welt
Steht so einsam und befreit
Steht so fern von aller Zeit
Und sein altes Mauerwerk, es hält!

Hab ihn eines Tags entdeckt
Dort am Ufer, dort am Strand
Fand ihn kaum, weil er versteckt
Hab ihn irgendwann entdeckt
Und ich lief durch weißen Sand

Stand vor ihm und sah sein Licht
Und das Meer rauschte im Wind
Plötzlich sah ich mein Gesicht
Dort im hellen Leuchtturmlicht
Vor mir stand ein frohes Kind

Ja, es lachte und es sang
von dem Leben und vom Glück
Sah das Kind minutenlang
Hörte, wie es fröhlich sang
Und ich sang dies Liedchen mit

Und auf einmal ward mir klar,
dass ich doch noch lachen kann
Hier, wo nie ein Mensch je war,
wurde mir so manches klar
Täglich fängt das Leben an!

Wenn sich etwas ändern muss,
geht es nur, wenn ich es tu!
Denn es ist noch lang nicht Schluss,
weil ich´s selbst jetzt ändern muss!
Denn das Leben gibt nie Ruh

Irgendwo in ferner Zeit
blinkt ein Leuchtturm hell und gut
Steht so einsam und befreit
Jenseits aller Lebenszeit
Gibt mir wieder neuen Mut

Naher Winter

Der Winter naht,
das Feld liegt ohne Leben
Und auch der Bach im Wald
stöhnt müde vor sich hin
Einsames Bad
Es fällt nur leis der Regen
Ich bin halbwach
und alt
Wo ist des Lebens Sinn?

Jetzt ist es Herbst
Die Bank gähnt vor den Weiden
Zu kalter Wind
Am Haus die Einsamkeit schon lehnt
Wer jetzt nicht scherzt,
der wird nicht lange bleiben
Kein einziges Kind,
nicht Mensch,
wird spielen hier verschämt

Das Jahr ist um!
Mein Weg führt in die Ferne
Doch nur im Traum,
allein
Die Nächte werden lang
Der Mond bleibt stumm
Und stumm sind auch die Sterne
Es schweigt der Baum,
der Stein
Und mir wird's langsam bang

Letzter Sommer

Es war ihr letzter Sommer
Der Wind verwehte sanft ihr Haar
Der Himmel schien so endlos klar
Am Strand verlor sich bald ihr Schritt
Die Flut kam schnell und nahm sie mit
Es war ihr letzter Sommer
So schön, wie keiner war

Es war ihr letzter Sommer
Sie war so jung, sagt man, und klug
Ihr Lächeln, einst mir schon genug,
rein und sanft und tränenschwer
Doch blieb ihr Blick so starr und leer
Es war ihr letzter Sommer
Als hoch die Brandung schlug

Es war ihr letzter Sommer
Ihr Haus stand auf den Klippen hoch
Woher sie kam – sie schriebs mir noch
Wohin sie ging und was sie sucht´,
bleibt unbekannt
Bleibt ohne Sinn
Es war ihr letzter Sommer
Ich lieb sie immer noch

Tod

Die Zeit vergeht
Mich zieht es nun nach Norden
Verschwommener Mond
Die Wolke stirbt am Berg
Vom Wind verweht
Der hört nicht auf zu morden
Ein dunkler Stern
Ich bleib ein arger Zwerg

Vergangenes Glück
Zu warm ist's nie geworden
Da starb soviel
Ein Nachen sank im Fluss
Einsam verrückt
Zum X-ten Mal gestorben
Hier ist's zu kalt
Und Gott zeigt keinen Gruß

Es ist vorbei
Mein Herz hört auf zu schlagen
Dem Tode nah
Und nimmer mehr befreit
Oh Herr, verzeih!
Verflucht an vielen Tagen
Weil ich nie sah-
Mein großer Traum – zu weit

Geh heimwärts jetzt
Ein Stern wird mich begleiten
Im fernen All
Irrt manche Seel umher
Zu schlimm verletzt
Ich will mich da nicht streiten
Es bleibt ein Hall
So endlos still und leer

Du fremdes ICH
Zuviel hast Du gefordert
Im Spiegelbild
Ein abgestürzter Star
Jenseits vom Licht
Da ist kein Glück geordert
Zu dumm, zu wild
Am Ende nur ein Narr …

Der Fremde

Als ich ihn sah, so grau sein Haar,
schien er mir nah, auch ohne Wort
Genau wie er auch ich mal war,
mit feinem Hemd an gutem Ort

Er ging im Anzug, sehr korrekt
Auch ich hab teuren Zwirn im Schrank
Doch hab ich Ängste mir versteckt
Doch fühl ich mich so schwach, so krank

Hab mich im Dunkel oft gesehnt
nach Ruhm, Erfolg und Glück und Sinn
Was heute keiner mehr versteht,
ich sehnte mich sehr gern dorthin

Er ging vorbei mit Stolz im Blick
Vielleicht war er ein Gotteskind?
Doch er entschwand bald, Stück um Stück,
im Menschenmeer, wo jeder blind

Als ich ihn sah, sah ich auch mich
Ein Spiegelbild, so ohnmächtig
Im Spiel des Lebens – lediglich –
blieb drüben ER und jenseits ICH

Einst träumte mir vom schönen Land
Vom Prinzenpaar, von Geld und Gut
Hab damals nichts von mir erkannt
Zu heiß schäumte mein krankes Blut

Der Fremde kennt mich nimmermehr
Ein Wind verweht den Straßenstaub
Vielleicht ist alles gar nicht schwer?
Ein Fremder schien mir sehr vertraut

Überflieger

Jetzt ist die Zeit der Überflieger
Sie fliegen hoch und weit hinaus
Und singen Dir die schönsten Lieder
In feinstem Zwirn, auf heißem Mieder
Jetzt ist die Zeit der Überflieger!
Soweit bin ich vom Heimathaus

Jetzt ist die Zeit der Überflieger
Die sind so jung, so schön, so stark
Und zeigen ihr gar bunt Gefieder
Wolln mächtig werden, immer wieder
Jetzt ist die Zeit der Überflieger!
Allein sitz ich im herbstlich Park

Jetzt ist die Zeit der Überflieger
Allseits geliebt, mit stetem Mut
Da, ihre Gärten – reich an Flieder
Es ist die Zeit der großen Sieger
Jetzt ist die Zeit der Überflieger!
Vom Sturm verweht mein Haar, mein Hut

Jetzt ist die Zeit der Überflieger
Sie sind perfekt und lächeln froh
Ihr Haus – gedeckt mit rotem Schiefer
Zur Weihnacht steht die größte Kiefer
Jetzt ist die Zeit der Überflieger!
Und ich zieh weiter, einfach so

Jetzt ist die Zeit der Überflieger
Die Zeit des Mittelmaßes dort
Die Zeit der Dirnen und der Dealer
Es stirbt die Menschheit bald am Fieber
Jetzt ist die Zeit der Überflieger!
Ich leb an einem fernen Ort

Der alte Baum

Vorm Hause steht ein alter Baum
So weis´ ist er, man glaubt es kaum
Zeigt lang schon keine Früchte mehr
Und in ihm drin ist´s hohl, nicht leer

Vor hundert Jahren war hier Feld
Und wenig Menschen trug die Welt
Da hat man ihn tief eingepflanzt
So manche Nacht um ihn getanzt

Er wurde groß und größer nun
Entwuchs den engen Kinderschuhn
Und Wind und Regen peitschten ihn
Als Nistplatz prächtig, wunderschön

Die Zeit verging, Krieg zog ins Land
Im Bombenhagel fast verbrannt
Fürwahr, es brach manch starker Ast
Erhängte sind ne schwere Last

In jener toten Dunkelheit
vom Rauch erfüllt, fast schon entzweit,
gab er die Hoffnung niemals auf
Blieb standhaft er, und nahm´s in Kauf

Da brachen neue Zeiten an
Und frischer Wind fegte ins Land
Man gab ihm Wasser und auch Halt
Und pflanzte einen neuen Wald

Jetzt ist er alt, spürt in sich Ruh
Im Winter deckt nur Schnee ihn zu
Wie schön, dass Frieden endlich ist
Und täglich ihn die Sonne grüßt

Vorm Hause wacht ein alter Baum
So weis´ ist er, man glaubt es kaum
Zeigt lang schon keine Früchte mehr
Ich mag ihn gern – ich brauch ihn sehr

Erinnerung

Erinnerung an Dich und mich
Und an manch zärtliches Gesicht
An Deine Küsse in der Nacht
An Deinen Mund, der oft gelacht

Wolltest erleben viel mit mir
Wir beide auf dem Weg zum „Wir"
Du warst mein allerliebster Stern
Mein Schatz, ich hatte Dich so gern

Und auf dem Tisch, am Wandregal,
in Deiner Küche, überall,
hattest meine Bilder Du verteilt
Und unser Glück schien nicht mehr weit

Wir unternahmen viel, so viel
Und jeder Tag – das schönste Spiel
Mit Dir wollt ich nach Norden ziehn
Mit Dir – das hatte endlich Sinn

Doch irgendwann, der Herbst so nah,
warn unsre Augen nicht mehr klar
Die Zeit veränderte uns zwei
Wir fühlten uns nicht gut, nicht frei

Wir trafen uns sehr selten nur
Von Dir, von mir blieb keine Spur
Dein Blick schien kalt und nicht mehr warm
Und leer mein Blick, und leer Dein Arm

Der Winter fror die Liebe ein
Von uns blieb nur ein schöner Schein
Das Glück verließ uns vor der Zeit
Und alle Träume lagen weit

Erinnerung an Dich und mich
Seh noch Dein zärtliches Gesicht
Spür noch die Küsse in der Nacht
Und bin sehr zeitig aufgewacht

Flucht

Was ist die Freiheit wert,
wenn die Leute schweigend gehen?
Die Jugend, ach,
die ist doch gar nicht schwach!
Und woanders
werden wieder starke Winde wehen
Wir leben alle unter einem morschen Dach

Ich stell mir immerzu
die stumme Frage
Wo ist das Glück?
Und wo die Hoffnung, wo?
Und wieder gehen
an manch regnerischem Tage
die Menschen aus der Heimat – einfach so

Brach liegt dies Land
der fliehend´ Bauern
Brach auch der Sinn–
Ich find ihn nirgendwo
Zu spät zum Jammern
oder auch zum Trauern
Ich schau mich um – in Angst
Und werd kaum froh

So ziehn sie fort,
die Rächer, die Verdammten
Zum weiten Strand
Zum fernen Kontinent
Und wenn sie einst
Zuhause wieder landen,
Sind sie allein,
weil man sie nicht mehr kennt

Träume der Erinnerung

Schön war's in der großen Stadt
Job, Familie - wunderschön
Dort wo keiner Namen hat
lebten sie in jener Stadt
So sollts immer weiter gehn

Doch seit kurzem träumte sie
von dem Ort, der endlos weit
Sah die Kirche, Wald und See
Manche Nächte träumte sie
von der fernen Seligkeit

Sie verstand die Zeichen nicht
Doch es zog sie magisch fort
Und sie sah im Traum ein Licht,
hatte Tränen im Gesicht
Wo nur lag dies Land, der Ort?

Mehr und mehr wollt sie dorthin
Alles schien ihr so bekannt
Wo nur lag des Traumes Sinn?
Warum wollte sie dorthin?
In dies wundersame Land?

Eines Tages brach sie auf
Nahm die Tasche wie in Trance
Nahm den Abschied selbst in Kauf
Schweigend brach sie einfach auf
War das ihre letzte Chance?

Auf dem Weg durch Traum und Zeit
kam nach Irland sie bei Nacht
Lang schien dieser Weg und weit
Irgendwo am Rand der Zeit
wurde sie nach Haus gebracht

In dem kleinen Dorf am Meer
sah es aus wie in dem Traum
Kirche, Wald … sie wollt hierher
In das kleine Dorf am Meer
In das Haus beim Mandelbaum

Nichts war hier wie in der Stadt
Ruhm und Reichtum gab's hier nicht
Wichtig war nicht, was man hat
Wichtig nicht die ferne Stadt-
Nur des Mondes fahles Licht

Auf dem kleinen Friedhof dort
stand sie an dem fremden Grab
Hier an diesem stillen Ort
trug sie die Erinnerung fort
Las die Inschrift, die schon matt

Da durchfuhr ein Blitz ihr Hirn
Und sie wusste es genau
Ihre Mutter lag hier drin
Ja, ihr Traum zog sie hierhin,
zu dem Grab der toten Frau

Und sie fühlte sich so gut
Goss die Blumen vor dem Stein
Hatte wieder Lebensmut
Denn sie fand ihr eigen Blut
Ihre Seele wurde rein

Plötzlich hörte sie von fern,
wie die Mutter leise sang
„Ach, mein allerliebster Stern,
kamst zu mir, doch ich bin fern.
Kamst zu mir, zum weißen Strand"

Lange saß sie noch am Grab
Und sie küsste sanft den Stein
Dort, wo´s keine Zeit mehr gab -
Dort an Mutters kleinem Grab,
konnt sie endlich glücklich sein

Als sie wieder heimwärts zog,
war voll Liebe sie und Kraft
Und ein Silberwölkchen flog
übers Meer, auf dem sie zog
Ja, sie hatte es geschafft!

Und daheim, dort, in der Stadt
hatte sie den Sinn erkannt
Wer im Herz sein´ Mutter hat,
braucht nicht Geld, nicht Ruhm und Stadt
Nur manch Traum – und Mutters Hand

Mondloser Abend

Trübe ist der Tag,
der letzte Tag am Meer
Und immer wieder leben meine Träume
Leben in dieser kalten Einsamkeit
Ich bin abhängig zu sehr
von alten Gefühlen
Von Dir, Du alte Liebe
Und ich stehe vor den Trümmern
meines Lebens
Ausgebrannte Welt – zerstört
und jeder Tag vergebens
So flieh ich weit,
ins tatenlose Nichts der Zeit
Und die Ruinen meiner Hoffnung
ragen in die Dunkelheit
Drohen in der tristen Dunkelheit
Leise ist mein Wort,
mein letztes Wort im Wind
Und immer wieder wollt ichs schreien
Umsonst – ich werd doch nie erhört
Was wollt ich immerzu
von meinem Leben
Ich kann jetzt nur noch schweigen
Und ich stehe vor den Trümmern
meines Lebens
Aufgebaute Welt – zerstört
und jeder Tag vergebens

So flieh ich weit,
ins tatenlose Nichts der Zeit
Und die Ruinen meiner Hoffnung
ragen in die Dunkelheit
Drohen in der tristen Dunkelheit

Nordwind

Wenn der Wind von Norden weht,
kommt auch die Erinnerung
an die Zeit, die in mir steht
Doch die Träume sind verweht
Und die Seele weint, ist wund

Was für eine schöne Zeit
Irgendwo am Rand der Welt
Alles Glück schien nicht mehr weit
Irgendwo am Rand der Zeit
Mir war klar, dass das nicht hält

Plötzlich kam ein Regentag
Alles wurde kalt und fremd
Irgendwann in jener Stadt
kam ein kalter Regentag,
der uns viel zu schnell getrennt

Und ich ging ein letztes Mal,
ließ Dich irgendwo zurück
Was für eine Seelenqual
Dich zu sehn – ein letztes Mal
Jenseits von dem großen Glück

Einsamkeit zog in mein Herz
Nirgendwo fand ich noch Sinn
Alles Beten himmelwärts
traf mich doch nur tief ins Herz
Will zu Dir nur wieder hin

Wenn der Wind von Norden weht,
spür ich einen neuen Tag
Nein, es ist noch nicht zu spät,
auch wenn mancher Wind kühl weht
Weil ich doch noch Hoffnung hab

Für meine Mama

Manchmal sagtest Du,
es geht vorbei
Und ich saß nur da und schwieg – und
weinte auch
Weils bei mir mal wieder
schief gegangen war
Doch dann lief ich los
Ins Leben – lachte laut
Und Du schautest mir noch lange nach
Und an Weihnachten brannten
Echte Kerzen – in unseren Herzen

Ich war so voller Tatendrang
Und wollte noch so viel
Und manchmal auch zu viel
Lief fort und kam doch wieder heim
Zu Dir – zu meiner stetigen Geborgenheit
Und wir waren glücklich und so froh
Und auch zufrieden
Wo heute manchmal fehlt
mir die Bescheidenheit

Was waren´s für Jahre
Meine Mama, ach
Ich liebe Dich und so wird's auch immer
bleiben – ich bin Dein Kind – für immer
So ist es eben – Mutter und Sohn
Und sonst gibt's nichts
Das war seit Generationen so
Wir sind füreinander da
Und doch sind´s einfach viel zu wenig Worte
Für Dich, meine Mama

Erinnerungen

Es zog die Karawan durchs Land
Von fern, vom fernen Schlesienland
Nach Deutschland ging´s, durch kalte Zeit
Nie war ein Mensch dazu bereit
Sie sollten fort vom Heimatland!

Von fern dröhnt schon die östlich Front
Die hat das Land und nichts verschont
Ein Grollen zieht am Firmament
Und jeder greift zum letzten Hemd -
Man hat hier doch so lang gewohnt

Kein Blick zurück zu jener Stadt
Dort, wo man einstmals froh und satt
Nur an der Oder steht ein Kind
Es weint in den Kanonenwind,
weil´s nun die Freunde nicht mehr hat

Schon dröhnt ein Panzerwagen laut
Das Kind steht still und schaut, und schaut
Längst müsst es ziehn ins deutsche Land,
Wo auch manch Haus längst abgebrannt
Und heiß wird´s ihm auf seiner Haut

Ich frag, wo sind die Eltern hin,
Von diesem kleinen Schlesienkind?
Und plötzlich spricht das Kind den Fluch
Im Heimathaus, im Gasgeruch
Den trug längst fort des Krieges Wind

Da riss es die Familien tot,
im Morgen- und im Abendrot
Die Männer blieben in der Stadt
Ob Schlesien doch noch Hoffnung hat?
Das Kind isst nie mehr Himbeerbrot!

Die Menschen, die geflohen sind,
vermissen auch dies kleine Kind
Und sie vermissen Haus und Mann
Den Frieden auch - wohl irgendwann
Ob anderswo sie anders sind?

Und an der Neiße, überm Fluss,
da gab es keinen Gottesgruß
Da stolpern übern Pontonsteg
die Menschen, die vom Krieg verweht
Die Heimat starb in Schutt und Ruß

Ach Schlesien, du bist weit, so weit
Und weit ist auch die beste Zeit
Nur die Erinnerungen ziehn
durch alle Trauer mitten hin
Die Tränen zolln vom großen Leid

So viele sind jetzt irgendwo
Und Schlesien ward einst nimmer froh!
Die Menschen, dies einst ausgemacht,
sind fort, vertrieben von der Schlacht!
Und manchem Kind ging´s ebenso!

Da zieh ich hin am heutgen Tag
Will Antwort auf so manche Frag
Mein Schlesien will ich wieder sehn
Vielleicht will ich dann nie mehr gehn?
Vielleicht kommt auch mein´ große Klag?

Doch wie ich durch die Straßen geh,
ist´s Winter mir, im Herz liegt Schnee
Und wo mein Haus gestanden hat,
gähnt heute noch ein tiefes Grab
Ich schweig, doch schreit in mir die Seel

Trotzdem sind neue Menschen hier
Auch das ist gut – da stirbt nichts mehr
Und wie zu jener fernen Stund,
als meine Seel, mein Herz so wund,
ist wieder neue Hoffnung hier

Und meine Stimme spricht und singt
ein leises Lied von einem Kind
Das stand am Oderufer dort,
bis es die Flammen nahmen fort
Ich weiß, dass das niemals verklingt

Da. plötzlich stimmen alle ein
in jenes Schlesien-Liedelein
Das Kind fliegt übers Himmelszelt
Und trägt nun Friede um die Welt
Es wollt doch nie gestorben sein

Mir ist´s, als sei sie noch ganz nah,
die Flüchtlingskarawane, da!
Seht ihr sie auch? Hört ihr die Front?
Sie hatte keinen einst verschont!
Mein Schlesien starb!
Ist doch noch da!

Aufbruch

Der Fluss liegt einsam, gerad und still
Ach, überall ist's nass und kühl
Und meine Hütte dort am Wald
ist voller Träume, die schon alt

Ein Wind berührt mich sanft und leis
Ach, wenn ich wüsst nur, was ich weiß
Jetzt möcht ich in den Norden ziehn
Möcht wieder in den Fjorden stehn

Und Regen fällt so stet und sacht
Ich hab das Fenster zugemacht
Der Herbst weht noch vor meiner Tür
Bald ist der Winter wieder hier

Und dunkel senkt sich nun die Nacht
Ich hab mich auf den Weg gemacht
Ade Du Fluss, der Norden ruft,
den ich wohl viel zu lang gesucht

Diesiger Ort

Draußen ist es bitterkalt
Dunkel liegt der schwarze Wald
Dort am Weg, ein einzig Licht
Keiner da, der mit mir spricht

Einen Toten fand man dort
Am gespenstisch, dunklen Ort
Und ein Wind weht ziemlich kühl
Alles bleibt dramatisch still

Diesig wird's und ziemlich nass
Überall fehlt Lust und Spaß
Möchte fliehen aus dem Tag,
der nichts Gutes an sich hat

Doch es bleibt ein frommer Wunsch
Längst ertränkt im letzten Punsch
Und es bleibt nur bitterkalt
Dort im neblig schwarzen Wald

Flammen

Es zügeln die Flammen,
verschlingen das Haus
Die Menschen da drinnen
sind lang noch nicht raus
Ach helft doch den Leuten
Sie brennen ja schon
Wie gut, dass ich nicht
in jenem Haus wohn

Es töten die Flammen,
das Haus ist lang fort
Und auch all die Menschen-
Man fragt: „War das Mord?"
Doch keiner will's glauben
Man sucht nach der Schuld
Warum das Gerede
Warum die Geduld

Es sterben die Flammen
Ein neues Haus steht
Und auch neue Menschen
Ob das wohl gut geht?
Und keiner stellt Fragen
Man sieht ja nichts mehr
Und wieder kommt scheinheilig
Frieden einher

Woandershin

Mir geht es ständig durch den Sinn
Mich treibt es jetzt woandershin
Ich will nicht mehr so traurig sein
Und irgendwie auch nicht allein
Mir geht es nicht mehr aus dem Sinn
Jetzt zieht es mich woandershin

In jene Stadt am Rand der Zeit
Ich wäre jetzt dafür bereit
Die Stadt liegt fern am Ozean
Ich bin ein sehnsuchtsvoller Mann
Ich fühle mich schon so befreit,
um nun zu gehn zum Rand der Zeit

Die Träume sind unglaublich stark
Sie sind genau, wie ich sie mag
Sie ziehen mich aus meiner Welt
Und leben ohne Raum und Geld
Sie sind genau, wie ich sie mag
Und machen mich unendlich stark

Ich spür die Kraft tief in mir drin
Jetzt ist es Zeit zum Neubeginn
Die Stimme ruft nach meinem *Ich*
Ich werde gehen- sicherlich
Ja, irgendwas ist in mir drin
Denn mich treibts jetzt woandershin

Menschenleeres Haus

Menschenleer ist dieses Haus
Blumen fehlen, Türen, Luft
Keine Katze, keine Maus
Nur ein Vöglein ist´s, das ruft

Höre zu dem kleinen Tier,
dass so viele Töne bringt
In dem Haus, das menschenleer
Wo nicht mal ein Radio singt

Plötzlich bin ich nicht allein,
denn mir scheint, da ist noch wer
Geh ins Badezimmer rein
Dieses ist nicht öd und leer

Denn dort planscht ein Kind, welch Freud
Voller Glück, mit lautem Ton
Und ich schaue wie betäubt
Wem gehört nur dieser Sohn?

In dem menschenleeren Haus
Ist es da, bringt Leben her
Da fällt ab so mancher Graus
Gar nichts ist mehr wie vorher

Menschenleer war dieses Haus
Menschenleer doch jetzt nicht mehr
Wozu brauch ich Katz und Maus,
wenn laut lacht ein Kind all hier

Unterm Baum

Ach Du schwaches Bäumchen mein
Hast mich vorm Regen gut beschützt
Und auch behütet Laus und Stein
Ach Du schwaches Bäumchen mein
Sei wohl geliebt und stets begrüßt

Dein zartes Blattwerk widerstand
Am Wurzelwerk hab ich's gespürt
Du bliebst doch grün und frisch im Land
Dein zartes Blattwerk widerstand
Hab drunter meine Maid verführt

Ob es nun regnet oder schneit
Ob der Orkan Dich beinah knickt
Hier hab ich Liebe, Traum und Freud
Ob es nun regnet oder schneit
Du bist für mich vom Glück ein Stück

Mutter

Mutters Gesicht strahlt so viel aus
Liebe und Wärme
Sehnsucht nach zu Haus
Da strahlt ein ganz besonderes Licht
Ich brauch meine Mutter und auch ihr
Gesicht

Mutters Hände schützen so oft
Haben behütet
Und haben so gehofft
Die Mutter ist der beste Schatz
Der braucht im Herzen den wichtigsten Platz

Mutters Kraft ist fast grenzenlos
Scheint ohne Ende
Macht mich so groß
Meine Mutter ist der teuerste Freund,
der mein Leben stets golden umsäumt

Herbst

Der Mond ist lang nicht mehr zu sehn
Ich geh am Rain entlang
Und schau ins Nichts
Die Jahre sind vergangen, so sinnlos
Und meine Uhr trage ich
schon lang nicht mehr
Ich hab nur meine Träume
Doch ich weiß es längst
Herbst ist's nun geworden

Der Himmel zieht sich seltsam zu
Ich geh zum See hinunter
Und schau ins Nichts
Zu lang bin ich allein geblieben
Wo ist das Lachen aus der fernen Kinderzeit?
Ein Wind kühlt meine Seele
Und ich weiß es längst
Herbst ist's nun geworden

Wolken ziehen durch die schwarze Nacht
Regen fällt hernieder
Und ich schau ins Nichts
Schon balde ist's am Rain zu feucht
Meine Schritte werden schwach und schwer
Ich geh zurück zum Hause
Ja, ich spür es längst
Herbst ist's nun geworden

Glauben

Fühl mich verstoßen von dem Gott
Er lässt mich fallen, einfach so
Und hat mich wohl niemals geliebt
Und lässt mich büßen, irgendwo
Und irgendwann frag ich: warum?

Weil ich für kurze Zeit geglaubt,
es gäb den wahren Glauben
an die Menschen und an IHN
und an das Gute
Und an die Reinheit in manch Blute
Und an jenen guten Tag, der käme

Ich hab gehofft, es würde besser,
die alten Träume und das Leben
All das würde mir vielleicht einmal gegeben
Kein Darben mehr und keinen Hass
Und nie mehr Trübsinn hier auf Erden

Der Glaube ist noch nicht gestorben
Gibt es ihn doch, den großen Gott?
Bleibt die Angst vorm Verderben
und vorm Tod?
Bleibt eingeschwärzt mein schwaches Hirn?
Trifft Unheil weiterhin die arme Seele?

Ich weiß, ich bin! Das ist meine Erkenntnis!
Bin nicht verloren und ich glaube fest!
Er muss nicht alle lieben
Und wenn er mich doch sehen sollt,
dann will ich beten, um alles hier zu lieben!

Alter Mann

Es ist so still um ihn, so still
Der alte Mann sitzt schweigend da
Er weiß genau, was er noch will
Doch er sitzt da und ist nur still
Und denkt vielleicht, wies damals war

Vielleicht erinnert er sich jetzt
an jene Zeit, als er noch jung
Und plötzlich scheint sein Aug benetzt
Woran erinnert er sich jetzt?
An Liebe oder neuen Schwung?

Er sagt es nicht- er schweigt ganz still
und räuspert sich nur einmal laut
Die Zeit vergeht auch ohne Ziel
Er weiß genau, was er jetzt will,
als er zum Fenster heimlich schaut

Besuch

Es hat geklingelt, zeitig schon
Es öffnete der große Sohn
Er war nur Gast und musste fort
Es war ein schöner leiser Ort

Als der Gerichtsvollzieher kam,
da starben sie vor Schreck und Scham
Sie waren nicht mehr jung, nicht alt
Doch warn die Hände lang schon kalt

Auf einem Tisch aus Kirschenholz,
jenseits des Fernsehers, ohne Stolz,
hat man gelegt die Rechnungslast
Die man vergaß, die man verpasst

So viele Tränen flossen da-
an diesem Tisch vom Großpapa
Ihr Leben war ein Ratenkauf
Jenseits vom Glück zahlten sie drauf

In der Vitrine, unterm Staub,
Pokale, die einst so vertraut
Ein Rest aus der Vergangenheit,
als alles schön war, ohne Leid

Zum Sparen blieb zu wenig Geld,
in dieser kalten Wohlstandswelt
Man zeigte gern, was man nicht hat
Ein Leben auf 'nem schmalen Grat

Dann noch ein Auto, auf Kredit
Die Bank gab Geld und spielte mit
Doch dann das Aus, der Job war weg
Zu alt, zu arm - erwacht im Dreck

Da stand die Ehe auf dem Spiel
So manche Nacht war's viel zu schwül
Man will doch kein Verlierer sein
und schenkt sich schnell noch Einen ein

Jetzt ist es Winter, Schnee deckt zu,
die trügerische Sonntagsruh
Es hat geklingelt, zeitig heut,
bei manchen braven guten Leut'

Das Tier

Soviel Angst in jenen Tagen
Wache auf, nachts, gegen Vier
Wirres Denken will mich plagen
Mein Verstand scheint zu versagen
In mir tobt ein wildes Tier

Kann den Körper kaum noch spüren
Kann nicht sehen, was ich will
Alles scheint sich zu verlieren
Und mein ICH scheint sich zu zieren
Warum ist es nur so still?

Doch die Angst zieht durch die Seele
Tobt in mir und schweigt so still
Trocken schmerzt die durstge Kehle
Schmerzen auch in meiner Seele
Nichts geht so, wie ich es will

Alles scheint sich da zu drehen
Schweiß rinnt mir von Nas uns Kinn
Lieber Gott, lass das vergehen!!!
Kann mich selbst nicht mehr verstehen
Und ich sink zum Boden hin

Zitternd schnapp ich Luft zum Atmen
Auf der Brust liegt schwer ein Stein
Auch mein Herz scheint zu versagen
Droht, sich aus der Brust zu schlagen
Und der Tod scheint nah zu sein

Plötzlich schwebt ein Engelskinde
Durch das offene Fenster her
Mit ihm kommen frische Winde
Draußen rauscht die alte Linde
Wo nur kam der Engel her?

Da, er singt ein leises Liedchen
Leicht wird's mir- verklärt mein Blick
Wie es singt, dies fremde Bübchen
Schwebt vor mir und singt ein Liedchen
Weinen möcht ich da vor Glück

Auch das Zittern geht behände
Gut und sanft schlägt mir mein Herz
Trocken werden Brust und Hände
Und die Nacht schleicht sich behände
Durch das Fenster – himmelwärts

Und der Engel ist verschwunden
Fühl mich plötzlich gut, so gut
Fort sind Ängste, alte Wunden
Mit dem Engel wohl verschwunden
Ruhig pulsieren Herz und Blut

All die Ängste und die Sorgen
Sind vorbei und nicht mehr hier
Es beginnt ein neuer Morgen
Was liegt da in mir verborgen?
Wo in mir nagt jenes Tier?

Werd die Antwort nicht erfahren
Denn es gibt die Antwort nicht
Schwierig wird's in manchen Jahren
Traumlos an so manchen Tagen …
Tränen stehn mir im Gesicht

Starr zum Spiegel in der Diele -
Lieber Gott, mach mich gesund!
Ja, ich hab noch große Ziele!
Und ich hab auch noch Gefühle -
Und so manche gute Stund!

Doch ich weiß, es wird sie geben -
Manche Nacht, so gegen Vier …
Weiß jedoch, ich bleib am Leben
Denn mein Engel wird mich sehen
Und dann stirbt die Angst in mir!

Begegnung

Schon fast vergessen hätt ich ihn
Den alten Mann im Supermarkt
Er schritt ganz langsam vor sich hin
Und nahm sich Eier, Brot und Quark

Um einen Osterstand schlich er
Sollt er was nehmen oder nicht?
Das Denken fiel ihm sichtlich schwer
Und traurig schien sein Angesicht

Verschämt griff er in das Regal
Ein Osterhäschen sollt es sein
Die Rente schien wohl ziemlich schmal
Und manch Geschenk ward ziemlich klein

Ich dacht', ob ich ihn ansprech dort?
Er schaute mich ganz kurz nur an
Vielleicht ein nettes, kurzes Wort?
Ein „Frohes Fest" für diesen Mann?

Doch er ging fort mit seinem Has'
Ich nahm noch dies und jenes mit
So manches Süße, Obst im Glas
Und auch vom Käs ein dickes Stück

Drei Tage später las ich dann:
Ein kranker Mann starb einsam, alt
Sein Foto sah ich auch sodann
An Ostern war es trüb und kalt

Oft denk ich an den Mann im Markt
Doch er und Ostern sind längst fort
Er kaufte Eier, Brot und Quark
Ich hätt' ihn ansprechen solln dort

Kleiner Junge

Kleiner Junge, der gern lacht
Hat sich groß und klug gemacht
Ist auf seinem langen Weg
Den er selbst noch nicht versteht
Und er singt und denkt und lacht

Manche Stürme kommen da
Bringen Angst und auch Gefahr
Doch der Junge hat die Kraft
Hat den besten Lebenssaft
Seine Ziele sind so klar

Menschen kreuzen seinen Weg
Deren Spur - vom Wind verweht
Manchmal schwankt er hin und her
Ja, im Leben geht's oft quer
Und manch Traum kommt und vergeht

Doch sein Blick ist klar und rein
Und er sieht den Stock, den Stein
Kleiner Junge, der gern lacht
Hat sich auf den Weg gemacht
Wird am End der Sieger sein!

Letzter Sommer

Es war der letzte Sommer
Am Fluss sang sie so gern
Ein Fisch kam da geschwommen
Und eh der Tag verronnen
Da zählte sie die Stern

Es war der letzte Sommer
Ihr Lächeln barg den Tod
Ich hab sie gern gesprochen
Es gingen Tage, Wochen
So manches Abendrot

Es war der letzte Sommer
Sie winkte mir kurz zu
Ich hör sie heut noch singen
Ihr Lied wird nie verklingen
In abendlicher Ruh

Es war ihr letzter Sommer
Und einsam ist's am Fluss
Sie ist so sanft gestorben
So ohne alle Sorgen
Für sie ein Abschiedsgruß

Träumerei

Eine Melodie vielleicht
Vielleicht so manches Wort
Anmutig auch
Und vieles sagend
Sind ihre Augen
Vielleicht

Eine Sehnsucht vielleicht
Vielleicht so mancher Traum
Lächelnd leis
Und vieles sagend
So scheint ihr Blick
Vielleicht

Ein Engel vielleicht
Vielleicht so manches Wunder
Hoffend stets
Und vieles sagend
Scheint ihre Seele
Vielleicht

Eine Geschichte

Es war einmal, so im April
Da war sie glücklich mit dem Mann
Ihr kleines Kind, es war nicht still
Es lachte und es weinte viel
Und hielt die Drei ganz fest zusamm´

Die Sonne schien vom Himmelszelt
Es war ein wirklich schöner Tag
Da sang sie fröhlich in die Welt
Warm schien die Sonn vom Himmelszelt
Als plötzlich kam ein Schicksalsschlag

Ein Mann fiel schwer vom Baugerüst
Und jede Hilfe kam zu spät
Dort, wo ein Haus bald stehen müsst
Da fiel ein Mann vom Baugerüst
Ein Leben ward vom Wind verweht

Sie dachte grad an ihren Mann
Warum er wohl nicht kommen mocht´?
Ein schwarzes Auto hielt sodann
Vor ihrem Haus, man klopfte an
Sie hatt´ zum Mittag schon gekocht

Die Todesnachricht traf so schwer
Vorbei manch Traum, vorbei das Glück
Ihr Blick war starr und ziemlich leer
So mancher Mittag wiegt so schwer
Sie glaubte schon, sie würd' verrückt

Ihr war nach Schreien und nach Tod
Da starrt' sie auf ihr Kindelein
Es schien bald wie ihr einzig Brot
Das sie bewahrte vor dem Tod
Das sie bewahrt' vorm Einsamsein

Sie nahm das Kind in ihren Arm
Und wischte sich die Tränen fort
Die Kindesstirn war friedlich warm
Sie hielt ihr Kind ganz fest im Arm
An jenem traurig kühlen Ort

Jetzt musst' sie stark sein für das Kind
Denn Papa kommt nun nimmermehr
Dort, wo so viele glücklos sind
Musste sie kämpfen für ihr Kind
Die Zeit verfloss - mal gut, mal schwer

Und eines nachts am Himmelszelt
Erstrahlte hell ein neuer Stern
Der gab ihr Kraft für das, was zählt
In dieser schwierig schönen Welt
Der Papa sang ganz leis von fern

Das alles war vor zwanzig Jahrn
Das Kind ist groß, die Mutter stolz
Es hat vom Papa nichts erfahrn
Der starb vor zwanzig langen Jahrn
Im Park nur weint ein Kreuz aus Holz …

Mutter und Sohn

Du sagst zu mir: „Ich habe Angst!
Angst vor dem Leben und dem Tod!"
Dass Du so oft auch um mich bangst
Und das Du bist in großer Not

Die Welt da draußen ist so kalt
Das sagst Du mir und schaust so ernst
Du weißt nicht, ob Du wirst sehr alt
Und ob vom Glück Du Dich entfernst

So viele Menschen sind so starr
Sie gehen über Leichen auch
Du fühlst Dich oft schon wie ein Narr
Und spürst manch Schmerz
in Kopf und Bauch

Ich schau Dich an und lächle leis
Das Leben will gelebt wohl sein
Das sag ich Dir, weil ich es weiß
Im Leben fließt nicht immer Wein

Und jeder Mensch hat Angst und Not
Das sag ich Dir und Du hörst zu
Doch bleibt die Ampel niemals rot
Nach jedem Chaos folgt auch Ruh

Du liegst bei mir und schweigst sehr lang
Ich weiß, dass Du´s verstanden hast
Ganz leise sag ich: „Sei nicht bang.
Du hast noch lange nichts verpasst"

Die Herde

Und die Herde, die zieht weiter
Starker Sturm verweht die Spur
Dieser Winter ist nicht heiter
Und die Herde zieht schon weiter
Schreie halln durch Wald und Flur

Manches Kälbchen friert, ist müde
Bleibt vielleicht schon bald zurück
Es ist kalt und es ist trübe
Doch die Herde wird nicht müde
Kämpft voran sich Stück um Stück

Wölfe harren da am Rande
Haben Hunger immerfort
Doch der Herde wird's nicht bange
Sieht die Wölfe da am Rande
Und zieht immer weiter fort

Doch der Sturm wird immer stärker
Schon bleibt manches Kalb zurück
Auch die Wölfe machen Ärger
Und der Schneesturm wird noch stärker
Bis zum See ist's noch ein Stück

Nein, die Wölfe wolln nicht jagen
Nehmen schwache Kälbchen sich
Es ist hart in diesen Tagen
Sehr viel Kraft fehlt da zum Jagen
Winterzeit ist fürchterlich

Doch die Herde zieht schon weiter
Nichts hält sie an einem Ort
Ausgemergelt ihre Leiber
Und die Tiere ziehen weiter
Und sind längst schon wieder fort

Durch den Sturm und durch die Lande
Führt ihr Weg von See zu See
Mancher Wolf wacht da am Rande
Tod, Verderben auch im Sande
Und manch Spur verwischt im Schnee

Ohne Titel

Da liegt er nun vor mir, dieser Mensch
Den ich mal kannte
Und ihn noch immer kenn
Doch er ist tot
Umgekommen, irgendwo
Ganz einfach so
Irgendwo
Er liegt nur da und schweigt
Und sagt so viel
Doch nichts ist mir geblieben
Als dieser Leichnam dort
So unbegreiflich das doch ist
Ich möchte weinen – ja, ich will's
Doch ich kann es nicht
Mein Hals ist zu und meine Seele friert
Es ist so kalt – es ist doch kalt?
Ich wollte ihm so viel noch sagen,
diesem Menschen dort
Doch er ist ... ich kann's nicht denken ... tot
So endgültig und so klar
So liegt er nun vor mir, dieser Mensch
Den ich mal kannte
Und ihn noch immer kenn
Und er ist tot
Umgekommen irgendwo
Ganz einfach so
Was bleibt da noch?

Fragen, ja, so viele!
Werd ich's mal überwinden?
Nein, niemals!
So viel ist da gestorben – mit ihm
Und nichts kann ich mehr sagen
Zu ihm
Und ich schweig und starre ihn nur an
Ganz einfach so
Irgendwo
Ist er gestorben
Und ich hab's nicht bemerkt
Hätt ich ihm helfen können?
Wohl nicht
Der Regen klatscht ans Fenster dieses
sterilen Raums
Und ich geh, winke ihm noch einmal zu,
ein letztes Mal
Wisch mir die Tränen fort
Und hol tief Luft, geh zögerlich hinaus
Ins Leben
Ich spürs noch deutlicher als sonst
Er lag nur einfach da, vor mir,
dieser Mensch, den ich mal kannte,
den ich noch immer kenn,
den ich jetzt besser kenne und versteh
Er ist zwar umgekommen, irgendwo
Vielleicht auch – einfach so
Doch er ging nicht ohne Worte
Er ging nicht ohne Sinn

Denn ich weiß jetzt, was er mir sagte
in jenem so sterilen Raum
Er wollt wohl gehn – es war sein Wille
Und ich werde ruhig, atme tief ein, lächele
und höre ihn
Und er spricht mit meinem Herzen
Singt so friedlich und doch deutlich klar:

„Geh hinaus und lebe"

Winter

Weiß ist alles, Feld und Wald
Überall scheint Frieden
Manchem Tier ist´s bitterkalt
Mancher Mensch fühlt sich recht alt
Nichts ist mehr geblieben

Alle Welt ward zugedeckt
von der weißen Ruhe
Manches Reh hat sich versteckt
Bäume, Büsche – zugedeckt
Warm die Winterschuhe

Nebel wabern durch das Tal
Märchenhafter Zauber
Durch den Schneesturm allemal
werden Schritte fast zur Qual,
wird der Blick zum Schauder

Alles Leben scheint so weit
Starr klirren die Lüfte
Winter bringt ein End der Zeit
Und ich atme ganz befreit
all die Winterdüfte

Beim Engel

Sturmbewegt sind meine Flügel
Aufwärts zieht mich manch ein Sog
Nehm das Leben an die Zügel
und empfang des Engels Lob

Hoch da droben scheint mirs heller
als dort unten auf der Erd
Ach, auch Schreie gellen greller
Meine Seel - noch unbeschwert

Doch dort oben ist´s kein Halten
und ich sink durchs Wolkenmeer
Fall in die Naturgewalten,
weil ich träge ward und schwer

>>Ferner Engel, hol zurück mich!
Lass mich nicht vergessen sein!
Ich bin gut und auch manierlich -
und ich möcht bei dir wohl sein<<

Lange wart ich auf die Antwort
Aber die kommt nimmermehr
Und ich fall behänd aufs Land dort!
Gibt es mich schon bald nicht mehr?

Doch dann breit ich meine Flügel,
die schlaff hingen an mir dran,
kraftvoll aus über dem Hügel,
der mich nicht mehr bremsen kann

Wie ein Phönix aus der Asche
kämpf ich mich zum Engel hin
Mit manch Hoffnung in der Tasche
such ich wieder meinen Sinn

Und der Engel lächelt lieblich
Wusste wohl, ich kehr zurück
Ich bin stolz und bin manierlich
Bei dem Engel fand ich Glück

Ja, ich weiß nun aus Erfahrung,
dass ich immer kämpfen muss!
Denn umsonst gibt's keine Nahrung -
und auch keinen Engelskuss

Irgendwo

Irgendwo in dieser Stadt
lebten sie und waren froh
Dort, wo jeder Namen hat,
lebten sie in jener Stadt
Alles war ganz einfach so

Ja, sie hatten richtig Geld,
gute Arbeit, die was bringt
Ja, sie hatten das, was zählt
Arbeit, Urlaub, Kind und Geld
Gute Zeiten, recht beschwingt

Doch der Tag blieb nicht so gut,
denn die Firma machte dicht!
Vater, Mutter – arg in Wut!
Denn ab jetzt schien nichts mehr gut
Dunkel wird's schnell ohne Licht

Kaum noch Geld fürs schöne Haus
Selbst den Urlaub gab's nicht mehr
Schluss, vorbei mit Saus und Braus!
Arm wie eine Kirchenmaus!
Und im Leben wurd es leer

Lebenssinn? Vergangenheit!
Und das Auto gab's nicht mehr!
Essen kaufen? Seltenheit!
Langsam trat die Traurigkeit
aus den Einsamkeiten her

Irgendwo in dieser Stadt
lebten sie am Rand der Zeit
Dort, wo keiner Namen hat,
froren sie in jener Stadt
Und ihr Glück schien endlos weit

Doch aus allem Tränenschwall
quoll ein neuer Traum empor
Noch mit Schmerzen und mit Qual,
ohne Geld, im Tränenschwall,
schaute Hoffnung da hervor

Ja, sie kämpften wie verrückt
Bauten neu ihr Leben auf
Und mit Kräften stark bestückt
ist es ihnen dann geglückt,
dieser neue Firmenkauf

Noch lief alles nicht so glatt
Und es brauchte sehr viel Zeit
Doch sie wurden wieder satt
Lief es auch noch nicht ganz glatt,
schien ihr Ziel doch nicht mehr weit

Und nach zwei, drei Jahren schon
ging es aufwärts, kam das Geld
Froh die Tochter und der Sohn
Jenseitig von Spott und Hohn
kämpften sie für das, was zählt!

Irgendwo in dieser Stadt
lebten sie bewusst ein Stück
Dort, wo jeder Namen hat,
taten sie was für die Stadt!
Taten sie was für ihr Glück!

Daheim

Der kleine Baum am schmalen Fluss
Ich ging als Kind so gern dorthin
Sang dort so oft so manchen Gruß
Fand dort auch meinen Lebenssinn

Doch irgendwann, da war ich groß
Erwachsen wohl und wollte fort
Mich zog es fort von Mutters Schoß
An einen wirklich fremden Ort

Die Stadt war riesig, und auch schön
Dort pulste Leben, Geld und Traum
Dort konnt die große Welt ich sehn
Mir fehlte kaum der Fluss, der Baum

Ich schaffte die Karriere gut
Und wurde überall bekannt
Ich spürte des Erfolges Blut,
weil ich dort alles >super< fand

Doch eines Tags, am Airport war's,
da kam ein seltsames Gefühl
Mein Herz ward mir wie sprödes Glas
Und Tränen rannen viel, sehr viel

Ich schau mich um, zur großen Stadt,
und stieg in jenen Flieger ein
Ich hatt das tolle Leben satt!
Ich wollt zu Hause wieder sein!

Der Abschied fiel nicht wirklich schwer
von jener Stadt im fernen Land
Der Flieger flog mich hin und her -
bis mein >Daheim< ich wieder fand

Dort lief zum Baum ich schnell am Fluss
Und spürte im Gesicht den Wind
Und sang wie früher meinen Gruß
Ich war daheim – war wieder Kind

Eine Frau

Der Nachmittag war gar nicht kalt
Die Sonne schien vom Himmelszelt
Die Frau im Spiegel schien ihr alt
Ward sie vielleicht schon Rentner bald?
War dies der Preis für Arbeit, Geld?

Hier im Büro blieb jeder jung!
Hier sah auch jeder blendend aus!
Der Chef verlangte reichlich Schwung!
Sie war tagtäglich auf dem Sprung
Sehr spät kam sie alltags nach Haus

Sie freute sich auf Kind und Mann
Die Hausarbeit schien da nicht schlimm
Sie wollte geben, was sie kann
Sich selbst vergaß sie dann und wann!
War dies ihr Lebens-Hauptgewinn?

Die Frage hat sie nie gestellt!
War ihr der Mann noch immer treu?
Dort, wo nur Geld und Leistung zählt,
wird manche Frage nicht gestellt
Und mancher Traum verweht ganz scheu

Sie stand vorm Spiegel lange so
Ganz plötzlich schiens doch anders heut
In ihr schlug etwas, dass sehr froh -
Vielleicht ein Duft von frischem Stroh?
Vielleicht die Lust auf fremde Leut?

Sie packte ihre Tasche schnell
und stahl sich leis aus dem Büro
Von draußen schallte Hundgebell
Und auch die Sonne schien recht grell
Nie ging sie von der Arbeit so

Vorm Hochhaus auf der breiten Straß´,
da sog sie ein die frische Luft
Die Straße war nicht regennass
Und viele Leute hatten Spaß -
Dort, wo kein Mensch mehr nach ihr ruft

Sie tanzte über Stock und Stein -
ins nächste Wirtshaus - gleich ums Eck
Warum denn stets vernünftig sein?
Warum immer gehorsam sein?
Warum nicht mal ein andrer Weg?

Derweil daheim, ganz ohne Freud,
da fragte man: Wo bleibt sie nur?
Ja, irgendwas schien anders heut!
Wo bleibt die Frau, die Mutter heut?
Kommt jetzt der Alltag aus der Spur?

Sie trug noch einmal richtig auf -
mit Lippenstift, wild wie ihr Blut!
Die Spießigkeit? Sie pfiff darauf!
Das Leben ist kein Dauerlauf!
Der Wein war alt und ziemlich gut

Das erste Mal nach langer Zeit
fiel ihr vom Herz ein schwerer Stein
Der Alltag lag so endlos weit
Für einen Nachmittag befreit!
Könnt das nicht jeden Tag so sein?

Die Kirchturmuhr schlug Mitternacht!
Sie schien beschwipst und schien so frei
Sie hat nicht lange nachgedacht,
sich einfach auf den Weg gemacht!
Es sei so wie es eben sei!

Mit einem Taxi fuhr sie heim,
und schaut´ durchs Fenster in das Haus
Der Mann, die Kinder saßen fein,
ganz brav vorm Fernseher – allein
Und hieltens ohne sie wohl aus

Leis schlich sie sich ins Bettchen dann,
und schlief schnell ein, ganz unverzagt
Am Morgen weckte sie der Mann,
sogar die Kinderchen sodann
Und sie stand auf, wie jeden Tag

Zwar fragte sie der Mann recht kurz,
wo sie am letzten Abend blieb
Doch war ihr alles ziemlich schnurz
Sie brauchte Kaffee, hatte Durst
Und hauchte leis: „Ich hab Dich lieb"

Dann fuhr sie in die Arbeit schnell,
als wenn es niemals anders wär
Vorbei an lautem Hundgebell,
war sie schon bei der Arbeit schnell
Vom Wein war ihr der Kopf noch schwer

Der Tag verging wie jeder Tag!
Schien ihr die Frau im Spiegel alt?
Von Kind und Mann zum Arbeitstag,
da stellte sie kaum eine Frag!
Die Sonne schien, es war nicht kalt

See der Tränen

Am See der Tränen war's so schön
Ich denk so oft an dich und mich
Ich wollt ihn gerne wieder sehn,
den Tränensee, der einst so schön
Und die Erinnerung an dich

Ich fragte dich, wie es dir geht
Du sagtest nichts, bliebst einfach stehn
Warum man manches nicht versteht
Ich fragte nur – wie es dir geht
Und wollte nur mal nach dir sehn

„Es geht mir gut!", das riefst du laut
Es war so laut, wie sonst wohl nichts
Du hast gelacht und nur geschaut
So manches sagt man leis und laut
Und manches hält man fern des Lichts

Die Schmerzen waren stark, so stark
Du wolltest nicht, dass ich das weiß
An unserm Steg das Boot noch lag
Ich wollte rudern, du bliebst stark!
Dass uns nur ja nichts mehr entgleist!

Der See lag ruhig, es war still
Du bliebst am Ufer lange stehn
Ich wusste nicht mehr, was ich will
Und unser See blieb einsam, still
Wirst du das alles mal verstehn?

Da blieb so vieles ungesagt
„Es geht mir gut!", das riefst du laut
Und ich hab auch nichts mehr gefragt
An jenem wunderschönen Tag
hast du gelacht, mich angeschaut

Das Boot verschwand – mit mir, mit dir?
Am Ende blieb ein Sommertraum
Am See der Tränen träumten wir
Die Krankheit trennte dich von mir
Am Ufer wuchs ein Mandelbaum

So ging die Zeit, das Leben fort
Der See fror zu – dich gab´s nicht mehr
Ein traurig einsam, kalter Ort
Mit unserm Boot fuhr ich weit fort
Und sehnte mich doch noch so sehr

Den See der Tränen gibt´s nicht mehr
Und auch uns beide nahm die Zeit
All die Erinnerung wiegt schwer
Den See, uns beide gibt´s nicht mehr
Und ich ging fort, so weit, so weit

Am See

S´ ist Mitternacht, ich sitz am See
Im Schilfrohr träum ich vor mich hin
Noch ist es Herbst, noch gibt´s kein Schnee
So ganz für mich an jenem See
Nach Irgendwas steht mir der Sinn

Ein kühles Lüftchen hier und da,
Es hüllt mich sanft und lieblich ein
Ganz still ist es und ziemlich klar,
wie´s immer hier am Ufer war
So könnte es wohl ewig sein

Der Bootssteg knarrt leis vor sich hin
Vielleicht stieß grad ein Fischlein an?
Nach irgendwas steht mir der Sinn
So schau ich einfach vor mich hin
Der Mond erhellt ganz schwach das Land

Wie dieses Leben wohl noch wird?
Wohin es mich noch treiben mag?
Oft hatte ich mich arg verirrt
Und manchmal schien mein Sinn verwirrt
Nicht immer gut die Nacht, der Tag

Ein Rascheln, da, vom Wasser leis!
Ich starre in die Dunkelheit
Warum man manchmal gar nichts weis?
Oft scheint so manch Gefühl aus Eis!
Und oft vergeht man in der Zeit!

Sollt ich da weiterdenken, ach!
Die Nacht ist doch so wundervoll!
Oft denkt man viel zu lange nach,
und lebt doch unterm sichren Dach!
Ich stöhne leis und ohne Groll

Der Mond hat den Zenit erreicht
Und Müdigkeit zerfließt im Hirn
Ein Mahr schon um die Bäume schleicht
Nach Hause sollt ich jetzt - vielleicht -
mich sacht ins Reich des Traums entführn

S´ war Mitternacht am dunklen See
Der Mond längst im Gewölk entschwand
Noch ist es Herbst, doch bald fällt Schnee
Ich schau zurück zu meinem See,
zum Steg am Ufer – tief im Land

An Gott

Komm lieber Gott, komm nicht zu mir
Sei bei den andern, die so leer
Ich bete gern und bin bei dir
Bei dir ist wirklich gar nichts schwer
Doch hilf den anderen, nicht mir

Hilf einem Freund, dem fehlt das Licht
Er weint sehr viel und braucht jetzt Kraft
Er ist so fern, doch nicht für dich
Komm hilf ihm aus der dunklen Nacht
Ach bitte, lass ihn nicht im Stich

Komm lieber Gott, komm nicht zu mir
Geh zu den andern, dies nicht leicht
Ich bete gern und bin bei dir
Mein lieber Gott, ob das wohl reicht?
Hilf all den anderen, nicht mir!

Gib meiner Mama Trost und Glück
Sie hat oft Schmerzen, bleibt so stark!
Gib ihr die beste Zeit zurück
Ich denk an sie an jedem Tag
Lass uns zusammen noch ein Stück!

Komm lieber Gott, komm nicht zu mir
Lieb all die andern, die allein
Ich bete gern und bin bei dir
Bei dir sollt ich nie einsam sein
Mit dir ist wirklich gar nichts schwer

Und gib den Menschen Träume auch,
die brauchen sie so dringend doch!
Den Kindern einen vollen Bauch,
und allem Leben Hoffnung noch!
Ach, allem deinen Liebeshauch!

Komm lieber Gott, komm nicht zu mir
Und wenn du doch mal bei mir bist,
dann beten und dann träumen wir
für manches, das noch öd und trist
Für alle, die noch tränenschwer

Soldaten-Sang

Die alte Bank am Grabeshain -
versteckt lag sie, man sah sie nicht
Ein Regen fiel auf sie herein,
auf jene Bank am Grabeshain
Sie stand im Trüben, nicht im Licht

Ich setzt' mich kurz, wollt wieder gehn,
schaut' flüchtig nur zum Grabesstein
Ein Junge lag dort, ungesehn
Ich wollt beizeiten wieder gehn,
verschnaufte auf der Bank allein

Der Junge starb vor vierzig Jahrn
Es war ein Einsatz der Armee
Ein junger Mann mit schwarzen Haarn
Ein Junge noch - von achtzehn Jahrn,
starb irgendwo im letzten Schnee

Als ich so saß, kam hinterm Baum
ein alter Mann hervor und schwieg
Er war so schmal, ich glaubt es kaum
Er zitterte leicht unterm Baum
und summte leis ein kleines Lied

Es war wohl ein Soldaten-Sang
Der Alte weinte manche Stroph´
An jenem Ort minutenlang,
da weinten wir beim Trauer-Sang,
in diesem winzgen Grabeshof

Ich sah dem Alten ins Gesicht
und wusste plötzlich, wer es war
Der Junge war´s im Regenlicht!
Es war ganz sicher sein Gesicht!
Sein Bild am Grabstein war noch da!

So stand ich auf von meiner Bank
und schritt zu jenem Manne hin
Noch schwiegen wir sekundenlang
Wir summten den Soldaten-Sang
Was für ein sonderbarer Sinn

Als ich so war ganz nah bei ihm,
da stach mich etwas tief ins Herz!
Auf einmal hatte alles Sinn!
Die Langeweile flog dahin,
an jenem Tag im Monat März!

Das Lied verklang, der Regen fiel
auf jenen Grabstein und auf mich
Ich hatte Fragen, ach, so viel
Ja, oft verschwimmt das eigne Ziel
Oft schmerzt das Herz ganz fürchterlich

Der Alte lächelte mich an
und raunte dann: „Mach´s besser, du!"
Ich nickte schnell so dann und wann
Alsbald verschwand der alte Mann,
und nahm mit alle Grabesruh

Da stand ich unterm Blätterdach
und unterm Regen, der so stark
Ich setzt´ mich wieder, dachte nach
und schaut´ zum Grabstein ziemlich wach,
an dem verklärten Frühlingstag

Das Bild am Grabstein fiel herab
Ich hob es auf und sah es an,
und legts zurück aufs trübe Grab,
tief ins Geäst, wo´s trocken lag,
zu jenem alten jungen Mann

Ich musste weiter in die Stadt!
Dorthin, wo alles wichtig scheint!
Wo niemand Zeit zum Fühlen hat!
Wo keiner denkt an Tod und Grab!
Wo man nur selten ehrlich weint!

Noch einmal drehte ich mich um
zum Grabeshain, zur alten Bank
Der Grabstein der so tot und krumm,
schien voller Leben jetzt, nicht stumm
Leis summt ich den Soldaten-Sang

Für meine Mama

Was für ein schöner Sommertag
Genau wie du ihn magst und liebst
Wie du so lachst an jenem Tag
An diesem hellen Sommertag
Weil du die beste Mama bist

Lass uns noch einmal träumen, ach
Lass uns noch mal spazieren gehn
Und denk nicht lange drüber nach
An jenem Tag, wo alles wach
Lass uns vom Fluss zum Ufer sehn

Die Stelle dort, bei jener Bank
Die unter dichten Bäumen lag
Weißt du das noch, hast du's erkannt
Wir warn so glücklich hier im Land
Wir sprachen viel, ganz ohne Klag

Und manchmal wenn es regnen tat
Da haben wir gelacht, geweint
So manche Krankheit, manch ein Schlag
Das schweißte uns an manchem Tag
Zusammen – hat uns fest vereint

Zu schnell verging die Zeit, manch Jahr
Doch ist's egal, es war stets schön
Es bleibt so gut, wies immer war
An jedem Tag, in jedem Jahr
Weil wir uns immer gut vestehn

Egal, was ich auch immer schrieb
Es war für dich, für Mama war's
Dort, wo manch Sternenschnuppe zieht,
da sing ich dir das schönste Lied
das klingt für dich bis hin zum Mars

Der Strauß Gladiolen ist für Dich
„Wonderful World" – dein schönstes Lied
Erinnerung an Dich und mich
An Sommertage sicherlich
Ach Mama, du, ich hab dich lieb …

Am Straßenrand

Ein dunkles Kreuz am Straßenrand
Ich fahr vorbei, es regnet leicht
Die Dämmerung zieht übers Land
Ein mahnend Kreuz am Straßenrand
Der Weg ist schmal, und ziemlich seicht

Ich halte an und steige aus
Kein Mensch, kein Auto fährt vorbei
Vorm Kreuze wacht ne Stofftiermaus
Ansonsten sieht´s recht einsam aus
Ein Wind weht welkes Laub herbei

Ich lese jene Worte dort
Man ritzte sie ins Holze ein
Was für ein schicksalhafter Ort
Der Regen wischt manch Träne fort
Wer mochte wohl der Junge sein?

Er war so achtzehn Jahre jung,
und hatte sicher manchen Traum
In jener Kurve mit viel Schwung
blieb er nur achtzehn Jahre jung -
Blieb er zurück am Straßensaum

Ich streiche übers Kreuz ganz sacht
Es ist vom Regen nass und rau
Die Uhr zeigt abends gegen acht
Sehr lange hab ich nachgedacht
Aus seinem Tod werd ich nicht schlau

Als ich zurück zum Auto geh,
glaub ich, es winkt mir jemand zu
Noch einmal ich zum Kreuze seh
Und wieder tut's im Herzen weh
Und überall ist's trüb, ist Ruh

Ein kleines Kreuz am Straßenrand
Ich fahr davon, es regnet stark
Ich hab den Jungen nicht gekannt
Nur blieb sein Kreuz am Straßenrand
Ich hatte eine gute Fahrt

Die Hafenbar

Mir ging es schlecht, der Kopf wog schwer
So lief ich in der Stadt umher
Fand gleich am Hafen diese Bar,
die ganz aus Holz, gemütlich war

Am Tresen stand ne kleine Frau,
mit süßem Lächeln, Augen blau
Sie fragte mich, was mit mir sei,
und lud mich ein, ganz frank und frei!

Ich setzte mich bei einem Bier
Die Barfrau setzte sich zu mir
Sie war so warmherzig, so lieb
Ihr Blick so manch Geschichte schrieb

Beim zweiten Bier erzählte ich
von meinen Sorgen, anschaulich
Von all dem Dreck um mich herum
Von meinem Leben, das so krumm

Sie hörte zu, hielt meine Hand
Sie meinte, dass sie mich verstand
Mir wurde da so Vieles klar,
in jener kleinen Hafenbar

Sie sprach: „Schau stets nach vorn zum Ziel!
Der andre Mist zählt nicht mehr viel!
Dort vorn nur liegt der neue Tag!
Geh weiter, denn du bist sehr stark!"

Sie gab mir einen grünen Stein
Er sollt die Hoffnung für mich sein
Ich hielt ihn fest, er war so kühl
Und plötzlich sah ich jenes Ziel

Schnell wollt ich zahlen, wollte gehn
Die Frau doch wollt mein Geld nicht sehn
Sie winkte ab und wünschte mir
ein bisschen Glück, auch ohne Bier

Ich fühlte mich recht gut, recht stark
Und lachte wieder in den Tag
Mein Leben schien mir wieder leicht
Mein Schritt war kraftvoll, gar nicht weich

Am nächsten Tag, früh gegen Acht,
hab ich zur Bar mich aufgemacht
Wollt mich bedanken für den Stein,
bei jener Barfrau, die so klein

Doch als am Hafen ich dann stand,
die Bar ich nirgends wiederfand
Das Haus, wo gestern noch die Bar,
eine Ruine nur noch war

Ich fragte Leute auf der Straß:
„Wo ist die Bar >Zum dunklen Fass<?"
Ein alter Mann erklärte leis,
dass er von diesem Hause weiß:

„Die Bar, die einst gestanden stolz,
die brannte ab, weil sie aus Holz!
Und jene Barfrau starb dabei!
Vor zwanzig Jahren war´s … vorbei!"

Recht schweigsam schaute ich aufs Meer,
und wünscht mir jene Barfrau her
Und wie aus einer andren Zeit
hört ich sie singen, so befreit:

„Schau stets nach vorn, zu deinem Ziel!
Der andre Mist zählt nicht mehr viel!
Den Stein halt fest in Hand und Herz!
Leb wohl, und sieh mal himmelwärts!"

Am See

Ich sitz am See im Schnee
Und ich denk an dich
Und nichts geschieht
Am anderen Ufer ist – ein Baum
Ein Strauch und Ruh
Endlose Einsamkeit und keine Zeit
Die mir vergeht
Sie verschwimmt nur leicht
In meinen Augen
Der See ist zugefroren – ganz leicht
Ich geh nicht drüber hin
Mein Blick schweift nur über ihn
Soll ich noch weiter denken?
Ich weiß es nicht und hör nur zu
Dieser wundervollen Ruh
Ein leiser Wind verweht – nichts
Und ganz sanft bewegt sich – nichts
Es ist nur kalt
Sonst nichts!
Und ich sitz am See im Schnee
Denk noch an dich
Und denk auch mal an mich
Am Himmel sind Wolken
Schnee fällt ganz sacht
Auf meine Wollmütze
War da nicht gerad …
Nein, da ist nichts, gar nichts – nur – nichts

Ein Knistern vom Eise her
Vielleicht bricht es auf?
Doch da ist – nichts!
Mein Blick verfängt sich wie ein Faden im Strauch
In lieblich- rauer Winterruh
Eisig seine Zweige
Eisig meine Seele – zugefroren auch
Und es ist kalt
In dieser Mitte eines Lebens
Meines Lebens!
Und sanft bewegt sich – nichts
Nur kälter wird's
An diesem See, der so voller Ruh
Ich denk an dich
Was für ein wundervoller Traum
An jenem See der großen Nichtigkeiten
Sollt ich jetzt gehn?
Ich weiß es nicht und bleibe
Noch!
Am anderen Ufer wird's trüb
Hier auch
Und kälter wird's
Der Abend geht
Nimmt so manches mit dahin
Und kommen will die Nacht
Und manch ein farbenloser Mahr
Und überall ist – nichts
Nur eine leise Melodie in meinem Sinn

Seltsam – mir wird es warm
Der Mond blinzelt durch die Wolken
Denk an dein Gesicht
Und sehs doch nicht
Am anderen Ufer ist noch immer – nichts
Ich stehe auf und schieb meine kalten Hände
In meine Hosentaschen
Saug lang und tief die feuchte Luft
In meine Lungen
Hab nichts gedacht und nichts gemacht
An jenem See
Nichts spiegelt sich auf ihm, auf seinem Eise
Das so dünn
Nach kurzer Zeit noch mal
Dreh ich mich um und sehe – nichts
Nur Dunkelheit, die mich umgibt
Und mich drängts irgendwie
Nach Hause

In der Bucht

Ein Sommer war's am fernen Strand
Ich lief durch sonnenheißen Sand
Da sah ich sie allein am Meer
Ihr Haar so blond, ihr Blick nicht leer

Allein lag sie im Sommerwind
beim Sonnenschirm, der grünlich-lind
Ich sah sie an, mein Herz schlug hoch
Ich wollt sie kennenlernen doch

Sie schwieg und lächelte sodann,
in jener Bucht, wohl irgendwann
Das Meeresrauschen zog sie fort
von dieser Bucht, von jenem Ort

Wild flirrte Hitze da um mich
Im Wasser sie, am Strande ich
Verklärte Bucht, die menschenleer
Und nur wir zwei, sonst niemand mehr

Sie kam zurück, ich küsste sie
Wir sprachen nichts dort an der See
So lang hab ich nach ihr gesucht,
in der geheimnisvollen Bucht

Dann ging sie fort, zu schnell, zu wild!
Ihr Sonnenschirm - vom Wind zerknüllt!
Ich lief ihr nach, doch fand sie nicht!
Im Geist zerfloss ihr Angesicht!

Der Strand war leer, die Bucht blieb tot
Manch Abendhimmel ganz in Rot
Am weißen Strand, in jener Bucht,
hatt ich so lang nach ihr gesucht

Ein Sonnenschirm nur von ihr blieb
Mein Herz zersprang, ich hatt sie lieb
Verweht die Spur von ihr im Sand,
dort in der Bucht, im fernen Land
(wohl irgendwann)

Am Deich

Der Wind verfängt sich in den Weiden,
zerkräuselt manchen Ufersaum
Ich möchte gehen, will nicht bleiben
So anders sind die kalten Zeiten
Auf mancher Welle wiegt nur Schaum

Der Schnee vermischt sich mit dem Regen,
verkühlt die Seele mir behänd
Ich ruf um Hilfe, will den Segen
Und will doch noch so Vieles geben
Doch hinterm Deich mein Nachen brennt

Noch ziehen triste dunkle Wolken,
versperren mir den rechten Weg
Ich fühl mich nicht mehr unbescholten
So vieles scheint nicht abgegolten
So manches Übel lächelt träg

Verschämt zieht Angst
durch Herz und Sinne
Nichts scheint mehr richtig oder gut
Fast wie vom Biss der schwarzen Spinne
verschwimmt mein Traum in Trauer-Minne,
und lässt vom Brand mir nur die Glut

Da lichtet sich der Dunst, der Nebel!
Ein letzter Tod, ein letzter Schrei!
Hoch überm Deich schwebt leis ein Segel!
Zerbrochen endlich Hass und Säbel!
Ich atme Hoffnung, frisch und frei!

Heimkehr

Er lag allein am Meere
Die Nacht war klar und mild
In seinem Blick nur Leere
In seiner Seel die Schwere
Sein Herz vom Tod erfüllt

Es war vor vierzig Jahren,
da starb sie hier am Strand
Dort, wo sie glücklich waren,
in jener Nacht, der klaren,
der Friede schnell entschwand

Warum war sie gegangen?
Warum nur hier am Meer?
Er hat es nie verstanden!
Dort, wo sie sich einst fanden,
fand er sie nimmermehr

Ein Regen fiel hernieder
in jener lauen Nacht
Ganz leis sang er die Lieder,
von jenem Zauber wieder,
die ihm einst „Sie" gebracht

Die Brandung wurde stärker
Auf allen Wellen Schaum!
Die Stimmung schon verklärter
Dies Leben schien nie härter
Zerborsten aller Traum?

Und plötzlich überm Tosen,
da schwebte sie vor ihm
In einem Meer von Rosen,
und weichen grünen Moosen,
glitt sie ganz sanft dahin

Sie öffnete die Arme
und weinte leis und still
Es schien der Mond, der warme
Fern zog ein Vogelschwarme
ans unbekannte Ziel

Ach, wie im schönsten Märchen
lief er zu ihr ins Meer
Was war's nur für ein Pärchen
mit silbrig-weißen Härchen
Sie liebten sich so sehr

Hoch schäumten auf die Wogen,
umhüllten wild die Zwei!
Dort, wo die Wasser stoben,
sind sie nun heimgezogen
Sind sie nun endlich frei!

Es war am weiten Meere,
in jener Nacht, die schwül
Am Horizont, die Leere,
so seltsam, leichte Schwere
Vielleicht ein Glücksgefühl?

Ohne Titel

Er hat gelacht noch, voller Freude,
der alte Mann im Sonnenstuhl
Um ihn herum so junge Leute
Er war nur glücklich, sehnsuchtsvoll

Auf einmal ward es still am Tage
Er war gestorben, einfach so
In mir ein Schreck und eine Frage:
War er ganz plötzlich nicht mehr froh?

Sein Herz wollt einfach nicht mehr schlagen
Sein Leben blieb auf einmal stehn
Mir wurde klar, ich sollt nicht fragen
Ich sollt es einfach nur verstehn

Und in mir drin sprach leis der Alte:
„So schnell kann's oft zu Ende sein.
Drum bügle glatt die Sorgenfalte,
und freu dich übern Sonnenschein!"

So ging ich weiter dort am Strande
und kaufte mir 'nen Sonnenhut
Ich reiste froh von Land zu Lande,
ganz ohne Angst und fühlt mich gut

Denn wenn ich selbst mal einfach sterbe,
dann will ich glücklich sein dabei
Egal, was man von mir auch erbe,
ich lebe jetzt und fühl mich frei!

Watt

Er ging ins weite Watt hinaus
Der Mond verklärte seinen Blick
Die Nebel zogen um sein Haus
Er wollt nur in das Watt hinaus
Er war so fern, so weit vom Glück

Noch kam die Flut nicht und er lief
Schon sank er ein in den Morast
So vieles ging im Leben schief,
als niemand seinen Namen rief
Er hatte manche Chance verpasst

Die Uhr schlug Mitternacht sodann
Da gab´s kein Mensch, der ihn so sah
Einst war er wohl ein froher Mann,
der mal verlor und mal gewann,
der immer zuverlässig war

Und er lief weiter, immerfort,
ins weite Watt, wo´s düster ist
An jenem unheilvollen Ort,
da zog er hin, da zog er fort
Ihn hatte wohl niemand vermisst

Es schwammen Wolken vor den Mond
Ein Regen fiel und Kälte zog
Dort, wo vielleicht manch Unhold thront,
wer fragt danach, was sich noch lohnt?
So mancher schreit im Todes-Sog!

Die Einsamkeit fror übers Watt
Am Horizont das weite Meer
Er hatte alles Leben satt
Und ging hinaus ins kalte Watt
Nein, es erfreute ihn nichts mehr

Verwaschen seine Spur im Schlick
Das Wasser stieg, die Flut kam schnell
Da blieb nicht viel vom Wunsch nach Glück!
Vielleicht ein Rest der Spur im Schlick?
Und dunkel war´s, und gar nicht hell

Die Wogen schlugen laut zusamm!
Dort, wo er lief, das weite Meer!
Und leis, von fern, ein Trauersang
Wohl kam er längst im Jenseits an
Sein altes Haus am Strand ist leer

Zeit der Störche

Es war die Zeit der Störche, ach
Sie kehrten heim ins schöne Land
Zu jenem Haus mit rotem Dach,
am dichten Wald, am schmalen Bach
Ein Wind verwehte leis den Sand

Dort lebte sie mit ihrem Sohn
Mit sehr viel Hoffnung, und auch Kraft
Ein Kinderlachen reichte schon
Ihr Kind, für sie der beste Lohn
Ja, auch im Job hat sie geschafft

Die Trennung lag schon lang zurück
Ihr Ehemann zog fort, weit fort
Sie suchte nach dem großen Glück
Wohl kehrt manch Traum nie mehr zurück
an diesen einsam schönen Ort

Doch eines Tags in süßer Nacht
da dachte sie sehr lange nach
Sie wollte, dass die Sonne lacht!
Nicht immer stark sein, auch mal schwach!
Sie lag bis Mitternachte wach …

… und zog die schönste Robe an
Fuhr in die Stadt zum Tanz im Schloss
Vielleicht gab´s irgendwo ein Mann,
der einsam auch wie sie sodann?
Der lebte nicht auf hohem Ross!

Im Walzer drehte sie sich wild
Der Schampus schmeckte wirklich gut
Und Abendduft lag rosig mild
auf ihrer Seele, ungekühlt
Ihr Herze schwamm in heißer Glut

Ein netter Herr im schwarzen Zwirn
hofierte sie, umwarb sie lieb
Der Sekt benebelte ihr Hirn
Der Fremde schien sie zu verwirrn
Ein heißer Kuss zur Soulmusik

In diesem Augenblick entschwand
die Einsamkeit, die Traurigkeit
Sie spürte seine starke Hand!
Sie wär mit ihm davon gerannt!
Sie spürte: endlich ist´s soweit!

Der Fremde buchte einen Flug
für sich und sie, die neue Zeit
Nur fort, weit fort mit neuem Mut
Nie wieder Traurigkeit und Wut
Und endlich leben, so befreit

Doch da ertönt ihr Telefon,
durchbrach die Seligkeit, manch Kuss!
Ein schwerer Unfall mit dem Sohn!
Sie rasten durch ein Feld von Mohn!
Mit Flug und Küssen schien nun Schluss!

Er fuhr sie bis zum Krankenhaus -
Wie schnell zerbrach doch aller Traum!
Wie sah's mit ihrem Sohne aus?
Wieso nur jetzt solch Angst, solch Graus?
Verzeihen konnte sie sich's kaum!

Als sie den Kleinen liegen sah,
in seinem Bettchen, schwach und krank,
da wusste sie, was wichtig war!
Ganz plötzlich wurde es ihr klar:
sie liebte Sohn und Haus und Land!

Nie wollte sie woandershin!
Es lief doch gut, so, wie es lief!
Ihr Sohn – der echte Lebenssinn!
Es war doch richtig und auch schön!
Ganz leis sie seinen Namen rief

Der Fremde lächelte sie an
und ging von ihr – zurück zur Nacht
Er war ein wirklich lieber Mann
Sie schaute ihm lang nach sodann,
und hat doch nicht mehr nachgedacht

Der Wind am offnen Fenster sang
ein Lied von Trauer und von Glück
Sie hielt ganz fest vom Sohn die Hand
Und blieb im Haus, im Storchenland
Und hörte manchmal Soulmusik

Es war die Zeit der Störche, ach
Sie zogen fort ins ferne Land
Es blieb ein Haus mit rotem Dach,
am dichten Wald, am schmalen Bach
Ein Wind verwehte leis den Sand …

Letzte Reise

Seniorenheim am Rand der Stadt!
Dort lebte er allein mit sich!
Wo jeder alt ist, wenig hat,
wuchs Einsamkeit gar fürchterlich!

Besuche gab´s schon lang nicht mehr
Der Sohn kassierte nur das Geld
Sein Blick, die Tage, öd und leer!
Nichts kostet mehr die Welt!

Die Eiche hinterm Heim war alt,
gab Schatten einer kleinen Bank
Selbst, wenn´s im Winter rau und kalt,
saß er dort jeden Abend lang

Und träumte von so manchem Stern,
vom Nordpol und vom Bär im Eis
Er wusste, all das lag so fern
im Nebel, der da zog ganz leis

S´ war jeden Tag der gleiche Trott:
Der Morgen glich dem Abend schon!
Zum Mittessen lief er flott;
vielleicht kam später doch der Sohn?

Doch als es nachmittags um Vier,
bliebs einsam wieder, keiner kam!
Das Telefon nur schellte hier
Sein Sohn entschuldigte die Scham

Am Abend ein zwei Schnitten wohl
Die würgten trocken ihm im Hals
Der Tag verschwamm so müd und hohl
Noch lange fernsehen, besser als …

… die Angst vorm Schlafen, vor dem Tod!
Die kroch fast jede Nacht durch ihn!
Sehr oft war irgendwer in Not!
Und mancher starb dort so dahin!

Doch eines Nachts, da spürte er
so ein Gefühl, unglaublich stark!
Sein Herz, die Knochen,
nichts schien schwer!
Kein Schleier auf der Seele lag!

Er fühlte sich so frei und gut
und packte ein paar Sachen ein
Da war nicht Trauer oder Wut
Er wollte nur woanders sein

Ganz heimlich schlich er sich davon,
aus jenem Heim am Rand der Stadt
Er pfiff auf Einsamkeit und Sohn!
Nahm das, was er sich einst erspart!

Mit Bus und Bahn und Boot sodann
ging´s in die Ferne, nordwärts nur
Er war zwar alt, doch auch ein Mann,
und manchmal wohl auch ziemlich stur

Im Heim zu sterben, fern vom Glück,
so wie die andern, wollt er nie!
Noch was vom Leben, nur ein Stück!
Ob ihm der liebe Gott verzieh?

Ihm war´s egal, er wollt nur weg!
Zum Nordpol hin, zu seinem Traum!
Er wollt zu diesem Eisesfleck,
wie er geträumt am Eichenbaum!

Und irgendwann, am zehnten Tag,
kam er dort an, im weiten Eis
Nein, niemand stellte mehr die Frag:
Ob er noch wüsste, was er weiß?

Tief atmete er ein!
So lieblich schmeckte all die Luft!
Fast wie ein leichter Sommerwein
Fast wie ein Engelchen, das ruft

Und er lief weiter geradeaus
So manchen Eisbär sah er auch
Hier gab es weder Mann noch Haus
Nur seinen hungrig satten Bauch

Auf einmal blieb er einfach stehn!
Weit vor ihm winkte eine Frau!
Wer sollte wohl dies Bild verstehn?
Sogar der Nordwind wehte lau!

Da rannen Tränen ihm herab,
als er die Frau vor sich erkannt
S´ war seine Liebste aus dem Grab
Sie war in seinem Zauberland

So glücklich diese beiden, ach
Sie küssten sich – ein Tanz im Schnee
Und unterm bunten Nordlichtdach
tat nicht einmal die Kälte weh

Alsbald nahm sie ihn an die Hand
und schwebte mit ihm fort, weit fort
Und seine Spur schon bald verschwand,
verweht im Schnee, am Nordpol dort

Ganz fern im Heim bliebs weiter trist
Ob jemand fragte da nach ihm?
Dort gab´s wohl nur die Galgenfrist!
Und eine Zeit ganz ohne Sinn!

So manches Heim steht irgendwo
Und manche Alten sind dort alt
Sie werden wohl nur selten froh
auf einer Bank, ganz nah beim Wald

Vielleicht jedoch träumt einer dann
vom Nordpol oder Wüstensand?
Macht auf den Weg sich irgendwann
zu seinem Traum ins Zauberland …

Blizzard

Schwer sind die Schritte, schwer die Sinne
Ein Sturm fegt über Wies und Feld
Was ich auch immer tu und spinne
Verworren das, was ich gewinne
Kein Sommer mehr, der ewig hält

Ich stapf durch hohe weiße Dünen
Am Horizont ist nichts zu sehn
Ich träum von Wiesen, ach, so grünen
Von sommerlichen summend Bienen
Und bleib doch hin und wieder stehn

Ein Echo hallt um meine Ohren
Wer ist's, der mich hier lautstark ruft?
Wohl scheint mein ganzer Kopf gefroren
Ich fühl mich schlecht und so verloren
in meiner dicken Winterkluft

Doch ist da niemand, nur mein Schatten
Verweht vom Sturm, schon nicht mehr da
Und hinter mir so drei, vier Ratten,
die wohl wie ich auch keinen hatten,
die mich gerufen, ziemlich klar

So zieh ich weiter durch die Steppe
Der Blizzard ist so stark wie nie
Auf meiner Brust die Jesuskette
Und hinter mir die weiße Schleppe
Es schmerzt der Kopf, der Leib, das Knie

Kein Haus, kein Hof, nur tiefes Schweigen
Die Macht des Sturms wirft mich zurück
So gern würd ich mir selbst was zeigen
Vielleicht mich auch vor Gott verneigen
Jedoch gibt's hier davon kein Stück

Verbotne Ängste in mir schütteln
Der Waldesrand scheint noch so weit
Wohl will der Sturm mich niederknüppeln
Vereiste Fäuste an mir rütteln
Und ich bin gar nicht mehr gescheit

Im Schweiße jener Fieberträume
zerbröselt alle Hoffnung schon
Da, dieser Wald, die lila Bäume!
Ich schrei, dass ich sie nicht versäume!
Erreich sie nicht, was für ein Hohn!

Ich lieg im Schnee, verweht die Spuren,
die ich gesetzt vor kurzem noch
Der Blizzard streicht wie tausend Huren
hart über mich – es stehn die Uhren
Ich fall und fall ins tiefste Loch

Und bin schon wieder fortgegangen!
Nur immer weiter geradeaus!
Ob da was Neues angefangen?
Verklärtes Bild längst abgehangen!
Im Schneesturm endets wie ein Graus!

Am zugefrornen Teich des Todes
halt ich kurz an und denke nach
Verspeis den Rest des harten Brotes
Die Kälte nagt, ist gar nichts Frohes,
hält mich am Orte schwer in Schach

Doch weiter geht die weite Reise
Der Blizzard treibt mich arg voran
Ein Klagelied, mal laut mal leise
Ich träum von mancher Frühlingsweise
Und ziehe weiter, halt nicht an

Verwirrte Träume drohn behände
Die Nacht bricht in den schweren Sturm
Ins Leere greifen meine Hände
Hoff, dass die Kraft ich nicht verschwände
Und gleiche einem Regenwurm

Und bin schon wieder fortgegangen
Durch Schnee und Eis, mein Lebensweg
Für immer in manch Traum gefangen
Den Blizzard dennoch durchgestanden
Zieh hin, wo meine Sonne steht

Gewitter am See

Der Himmel graut,
 und ich hab mich in mich zurückgezogen,
ins Haus am See, wo keiner ist,
nur immer wieder ich
Die Stadt ist fern, ich bin vor Wochen
einfach weggezogen
Ein Sturm beginnt, der See ertrinkt in
monsterhohen Wogen!
Und plötzlich regnets überm weiten Lande
wirklich fürchterlich!

Ich schau hinaus
zum dichten grünen Wald hinüber
Mein Haus liegt ruhig so etwa mittendrin
Mein Kopf schmerzt arg, hab ich am End
gar hohes Fieber?
Vielleicht sing ich mir einfach zwei, drei
Liebeslieder?
Doch irgendwie seh ich darin
wohl keinen echten Sinn!

Der Sturm biegt um die Büsche und die
vielen starken Bäume!
Mein See schäumt wilde, und mir wird's
schon ziemlich kalt!
Mir flammen auf die allerschlimmsten
wilden Horror-Träume!
Plötzlich bricht um der Sturm am Haus die
wackeligen Zäune!
Und dichter Hagel schlägt auf Haus, auf See
und auf den Hexenwald!

Besorgt starr ich zum Dach,
ob es wohl jetzt noch standhält?
Es knistert recht und mir wird's mächtig
Angst dabei
Ich spür es schon, wie sich das schlechte
Wetter ranhält!
Bleibt mir das Haus, was,
wenn es doch nicht standhält?
Ach, nur hier draußen fühl ich mich
wirklich richtig gut und frei!

Ein heftig Blitz schlägt in den
schäumend düstern See hernieder!
Ein Donnerschlag, laut kracht's
vom Himmel in mich rein!
Es dröhnt und grollt,
ich find mich nicht mehr wieder!
Und draußen knickt mein
lieblich weißer Flieder!
Verschreckt trink ich ein viertel volles
Gläschen Sommerwein

Kein Mensch zu sehn, nur dieser See, der
schäumt um dies Gebäude
Ich brauch die Einsamkeit, vielleicht
manchmal auch einen lauten Donnerschlag
Doch bringt der schwarze Himmel heute
Abend wenig Frohsinn oder Freude
An manches schlimme Wetter denk ich mit
Schaudern heute
Doch kam (zurück) dann irgendwann
die warme Sonne in den neuen Tag

Der Himmel blaut, das Übel scheint wohl
endlich abgezogen
Schnell zieht das Gewitter fort und es hagelt
endlich auch nicht mehr
So mancher Alb und auch der Sturm
sind einfach weg, davongeflogen
Und auch mein See liegt still, geglättet sind
die ehrlich-blauen Wogen
Und irgendwie ist's mir ums Herze
auch nicht mehr so schwer

Glogaulied

Breite Straßen, gutes Leben
Läden voller Frucht und Glück
Große Zeit und Gottes Segen
Du mein Glogau, du mein Leben
Bist wohl Schlesiens bestes Stück

An der Oder ewig liegen,
durch den Rosengarten ziehn
Weihnachtsbaum, die schönsten Blüten
Glogau, du mein Garten Eden
Ach, hier ist's so wunderschön

Doch so sollt es nie mehr werden,
denn der Krieg nahm alles fort!
Glück und Garten fielen in Scherben!
Gott, warum nur dies Verderben?
Glogau ward zum schlimmen Ort!

Richtung Westen wir dann zogen,
aus der Heimat, die so fern!
Mussten weg, sind ausgeflogen!
Hoch der Oder Schicksalswogen!
Nein, wir flohen gar nicht gern!

Frierend, mit dem Leiterwagen,
ging´s nun über Stock und Stein!
Hungernd, ohne Hemd und Kragen,
schwiegen wir, ganz ohne Klagen!
Wollten endlich wieder heim!

Auf dem Weg und in den Gräben,
tief im Wald, da lagen sie:
Ostarbeiter! Nein, kein Segen!
Ließen die uns wohl am Leben?
Angst und Schmerzen – nachts und früh!

Irgendwann gab´s ein Schluck Wasser!
Und die Sonne brannte heiß!
Mein Gesicht ward blass und blasser!
Mutter sparte ein Schluck Wasser -
Weiter ging die blutge Reis!

Wie die Front schon näher rückte,
kamen wir ins fremde Land!
Stählern mancher Alb da drückte!
Todesgleich sich Glogau bückte
unterm Bomben-Feuerbrand!

Nichts ward uns da noch geblieben,
tief nur die Erinnerung
Hat sich schwer ins Herz geschrieben,
sich ins Hirn, ins Mark getrieben
Wir sind alt nun, nicht mehr jung

Garnisonsstadt unter Bäumen
Glogau, einst so stolz und schön
Voller Frohsinn, reich an Träumen
Dort am Fluss, den Straßensäumen
Wollt so gern dich wiedersehn!

Doch die Straßen liegen einsam
Meine Heimat gibt's nicht mehr
Ja, wir flohen einst gemeinsam
Jene Heimat, fern und einsam
Und die Hoffnung wiegt so schwer

Ach, es weint mir Herz uns Seele
Glogau fließt durch Kopf und Blut
Wenn ich dann die Tage zähle,
ich mich durch mein Leben quäle,
brodelt Schwermut und auch Wut

Dieser Krieg bracht so viel Wunden,
nahm die Heimat mir und dir!
Ach, wir weinen Stund um Stunden
Haben Neues zwar gefunden,
doch die Heimat niemals mehr!

Hör noch immer die Sirenen,
die uns trieben aus der Stadt
Soviel Trauer, soviel Tränen,
will dafür mich niemals schämen,
weil ich soviel Sehnsucht hab

Neue Menschen können's richten!
Glogau lebt noch, ist nicht tot!
Dass die Dichter wieder dichten!
Lasst die Alten euch berichten,
wie der Heimat Morgenrot!

Heute fahrn wir Richtung Osten,
in die Heimat, Glogau, ach
Schon vorbei am Grenzen-Posten,
geht's noch einmal Richtung Osten,
hin zum heimatlichen Dach

Doch die Häuser aller Kindheit
sind längst fort, sind ausgebrannt
Traurig noch und reich an Blindheit
such ich nach der fernen Kindheit
Nach dem schönen Schlesienland

Glogau aber fand ich nimmer,
nur die Oder fließt dahin
Ab und an warnt leis ein Trümmer
Ferner Rosengarten-Schimmer
Fern die Heimat, fern der Sinn

Träum vom heimatlichen Lachen
Träum von dem, was nicht mehr da
Streichle Bäume, alte Sachen
In der Heimat blieb mein Lachen
In der Welt, so, wie sie war

Leise zieht ein Wind von Osten
Kündet von der Heimat mir
Zwar sind fort die letzten Posten
Und die alten Panzer rosten
Doch der Krieg ist noch all hier

Sagt es drum den Kindeskindern:
Niemals wieder Hass und Krieg!
Wieder Weihnacht in den Wintern!
Heimat schlägt in Herz und Kindern!
Glogau bleibt mir ewig lieb

An einen Soldaten

Was hattest du von deinem Leben?
Du zogst in einen Krieg, als Held!
Du wolltest deiner Heimat geben!
Und kämpftest für ein bessres Leben!
Doch fielst du bald im tristen Feld!

Man hat dir so viel eingeredet:
Von Stolz, von Großmut und von Hass!
Das Schlachtfeld? Heut längst eingeebnet!
Und mancher starb, der auch gebetet,
fern von den Reden, fern vom Spaß!

Da draußen, mit dem Feind vorm Auge,
warst du allein, und einsam auch!
Als mal ein Kriegsreporter schaute,
da lagst vorm Feind du Aug in Auge,
und hast getroffen ihn - im Bauch!

So flogen pfeifend die Granaten!
Du hast an Mutter nur gedacht,
und ihr geschrieben, wohlgeraten:
Komm sorg dich nicht, stell keine Fragen,
und wein bloß nicht von Tag bis Nacht

Egal, ob Schnee, ob Hagel, Regen
Im Kriegsgetös spürts keiner mehr!
Da zielten Bomben über Wegen,
die brachten Tod und nahmen Leben!
So mancher Wunsch verhallte leer!

Und als dein Freund vom Tod getroffen,
er einfach umfiel, einfach so,
hast du den letzten Schnaps gesoffen!
Du konntest kaum noch weinen, hoffen!
Die Heimat brannte lichterloh!

Du sahst dem Teufel in die Augen,
als starb dein Freund und auch dein Feind!
Vom Himmel fielen die Friedenstauben,
als du verloren deinen Glauben!
Von Gott hast du nicht mehr geträumt!

Auf deinen Gegner noch zehn Schüsse,
auf das, was vor dir auf dich zielt!
Und in Gedanken tausend Küsse,
für Mutter, Frau - die letzten Grüße!
Das war´s, was dich am Leben hielt!

Am End blieb dir nur Krieg, das Sterben,
ein Knall und ein Granatenloch!
Dein junges Leben fiel in Scherben!
Du konntest auch nichts mehr vererben,
nur einen Schützengraben noch!

Hast deinen Hintern hingehalten!
Hast deine Zeit im Krieg vertan!
So manche deiner Zornesfalten,
hast bis zum Tode du behalten!
Am Krieg kaut man ein Leben lang!

Hast schon gezählt die Todesschreie,
der Kameraden um dich rum!
Die brüllten einst von deutscher Schläue,
die riefen dann nach Mutter - Reue!
Du weintest leis und bliebst nur stumm

Was hattest du von diesem Leben,
als Erde fiel auf deinen Leib?
Als du verschollen, ohne Segen,
im Schlachtfeld bliebst, das traf fast jeden;
was blieb dir da von deiner Zeit?

Die Antwort wird nie jemand wissen!
Du starbst, damit jetzt Frieden ist!
Nur deine Mutter kann es wissen
Sie hört nie auf, dich zu vermissen,
weil du ein Sohn der Liebe bist

Die Tänzerin

Irgendwie verklärt vielleicht
eine Träne noch im Aug!
Ist berühmt sie, ist sie reich?
Manchmal traurig auch? Vielleicht!
Es ist ihre beste Schau!

Ach, es war ne schwere Zeit,
harte Arbeit, viel Verzicht!
Heut ist sie vom Glück nicht weit!
Nein, sie fühlt sich nicht befreit!
Streng manch Züge im Gesicht

Viele Fragen wiegen schwer:
War es richtig? War´s nicht gut?
Ist sie heute wirklich wer?
Ach, ihr Leben wiegt so schwer!
Soviel Tanz liegt ihr im Blut!

Düster scheint die Bühne jetzt
Nur Musik erklingt ganz leis
Ja, sie tanzt so unverletzt,
leicht und schön und nicht gehetzt
Ihr Tutu ist strahlend weiß

Und sie tanzt für sich allein!
Nur ein Licht strahlt sie noch an!
Warum stets alleine sein?
Warum niemals Sekt und Wein?
Schaut sie wirklich niemand an?

Da bemerkt sie einen Blick!
Er ist stark und trifft sie sehr!
Und ganz langsam, Stück für Stück,
tanzt sie hin zu jenem Blick!
Fühlt dabei sich traurig, schwer!

Es ist eine fremde Frau
Ihr Gesicht im Schatten liegt
Doch ihr Blick ist sehr genau!
Wer ist jene fremde Frau?
Woher hat sie diesen Blick?

Als sie näher tanzt und schaut,
staunt sie, denn die Frau vor sich
ist sie selbst, so sehr vertraut!
Und sie weint und staunt und schaut,
sieht ihr eigenes Gesicht!

Niemand sonst ist wohl zu sehn,
jenseitig von Traum und Show
Ach, sie tanzt so wunderschön,
möcht nicht von der Bühne gehn
Doch die Fremde scheint nicht froh

Da, das Licht verlöscht ganz sacht
Und die Schau ist aus, vorbei
Längst ist es nach Mitternacht
Da geht aus das Licht ganz sacht
Aller Tanz scheint einerlei

Regungslos und leichenblass
geht sie von der Bühne schnell!
Spürt nicht Trauer oder Spaß!
Draußen ist es regennass!
Nacht ist es und gar nicht hell!

Plötzlich spürt sie es genau:
Tanzen ist ihr größtes Glück!
Niemals war ihr Leben grau!
Und es lacht die fremde Frau!
Leicht tanzt sie zur Show zurück

Kraniche

Es ziehen Kraniche durchs Land,
bis hin zum wilden Meeresstrand
Ich schau vom Ufer in die Weite
Es ist so frisch und windig heute

Kein Mensch kann ich am Strande sehn
Will barfuß durch den Sand jetzt gehn
Ich leg mich schwerlich in den Wind
Ich wär wohl wieder gern ein Kind

Hier, wo das Meer dies Lande küsst,
hier hab ich mich, und nichts vermisst
Die Wogen schlagen rauschend hoch
Und ich bin ratlos, immer noch

Verwirrtheit dröhnt durch Herz und Sinn:
Was, wenn ich doch verloren bin?
Geht's mit dem Leben mal bergauf,
im nimmermüden Dauerlauf?

Dort in der fernen wilden Stadt,
jenseits von Träumen, niemals satt,
bleibt für manch Denken wenig Zeit
Manch Wunsch, manch Hoffnung
scheint so weit

Ich bleibe stehn, ruf übers Meer:
Du, bring mir eine Lösung her!
Doch es gibt keine Antwort nicht
Das Meer nur rauscht gar ewiglich

Es wird so sein, wies immer war:
Ich sollt nur leben, gut und klar!
Stapf weiter durch den Ufersand
Und es ziehn Kraniche durchs Land

Fjord

Im Tal der hohen Berge,
ganz weit im Fjord, im Schnee,
war unsere Herberge
Die Kindheit dort, am Berge
An jener stillen See

Das habe ich genossen
Die Jahre gingen schön
Und als die Bäume sprossen
Und Träume sich ergossen
Wollt ich im Tanz mich drehn

Mit Mutter ewig laufen
Durchs Tal bis hin zum Strand
Und süße Bonbons kaufen
Buschblätter kehrn zum Haufen
Und unsre Spurn im Sand

So fern sind all die Zeiten
Am Fjord, beim Berg, im Tal
Wohl wollt ich ewig bleiben
Dort, wo die Adler gleiten
Dort, wo die Wege schmal

Doch zogs mich in die Ferne
in jene große Stadt
Dort sah man keine Sterne
Es fehlte auch an Wärme
Da, wo man alles hat

Nach dreiundzwanzig Tagen
hielt ich es nicht mehr aus
So schwer wogen manch Klagen
Es platzte oft der Kragen
Ich wollt dort endlich raus

Und packte meine Sachen
Nach Hause ging es, heim
Konnt plötzlich wieder lachen
Wie früher wollt ich's machen:
Als Kind bei Mutter sein

Bin endlich heim gekommen
zum Haus am Berg, im Schnee
Dort strahlten alle Sonnen
Die Tränen längst zerronnen
Und still der Fjord, die See

Der Stieglitz

Es fliegt ein Stieglitz durch die Zeiten
Fliegt durch Berlin, Paris und Prag
Will nirgendwo zu lange bleiben
Er fliegt behänd durch Tag und Zeiten
Und zwitschert, wie er zwitschern mag

Denkt an die Welt, die schöne, helle
Die war einst ziemlich trüb und schlimm
Er ist ein lustiger Geselle
Denkt an die Welt, die flotte, schnelle
Und sinnt nicht übern Lebenssinn

Da, auf dem Baum, ne kleine Pause
Ein kleines Lied für jedermann
Vielleicht noch eine lustig′ Sause
Dann zieht er weiter übers Hause
Und weiter fort, durchs Land sodann

Am Strand lauscht er dem Meeresrauschen
Wer weiß, wovon er da so träumt?
Vielleicht will er der Brandung lauschen?
Doch will er nie mit andern tauschen,
weil er vom Leben nichts versäumt!

Schon bald erhebt er sich mit Kräften
Und flattert übers Meer davon
Er fühlt sich gut, in besten Säften
Scheint jenseits wohl von Geldgeschäften
Wer fragt den kleinen Vogel schon?

Er ist ein Stieglitz unter vielen
Und fliegt, weil er halt fliegen muss
Wer weiß schon von den Stieglitz-Zielen?
Vielleicht will er nur einfach spielen?
Vielleicht ist er ein Gottesgruß?

So fliegt er weiter durch die Zeiten
Fliegt von New York nach Binz und Bern
Wohl will er nirgends lange bleiben
Er fliegt nur fröhlich durch die Zeiten
Ich wink ihm oft!
Ich hab ihn gern!

Nach Hause

Er wollt in die große Stadt
Dort, wo jeder gut gelaunt
Dort, wo jeder Reichtum hat
Schönes Essen, Liebe satt
Dort, wo keiner mehr „nur" staunt

Darum ging er weg, dorthin
Fort aus seiner Heimatstadt
Wo das Leben endlich Sinn
Wo er lockte, der Gewinn
Dort, wo jeder alles hat

Langsam fuhr der Zug davon
Seine Mutter winkte lang
Weinte auch um ihren Sohn
Große Stadt, ich komme schon
Fort von Mutters lieber Hand

In der Stadt schien alles groß:
Job und Wohnung, Auto, Geld!
So fernab von Mutters Schoß
fühlte er sich stark und groß!
Und er spielte: Große Welt!

Eines Tags jedoch bei Nacht
ging's ihm schlecht: Der Bauch, der Kopf!
Eine Grippe kam, nicht sacht!
Hatte ihn fast umgebracht!
Ach, er schien ein armer Tropf!

Seine Kurse brachen ein!
Aus der Wohnung musst er raus!
Nobel erst, dann armes Schwein!
Ihm blieb nur manch Flasche Wein!
Mit dem Job war's auch schnell aus!

Da begriff er, dass nichts zählt,
außer dem, was schlägt im Herz!
Auto, Haus und großes Geld,
auch nicht alle große Welt,
gibt es für den Heimatschmerz!

Und so fuhr er schnell zurück
Mutter hat es stets gewusst
Er kam heim ins alte Glück
Und er baute Stück um Stück
alles neu mit größter Lust

Nie mehr ging er von hier fort
Denn nur hier sang Mutters Lied
Ach, an diesem guten Ort,
da verstand er jenes Wort:
Heimat ist das Herz, das Glück!

Bahnsteig 2

Es steht ein Zug auf Bahnsteig 2
Auf jenem Bahnhof irgendwo
An diesem Morgen, kurz nach 3,
ist's düster noch auf Bahnsteig 2
Nur eine Frau weint einfach so

Ein Wind verweht sich überm Gleis
Die Frau ist stumm, ihr Blick scheint starr
Am Bahnsteigdach hängt Schnee und Eis
Sie steht wohl da, weil sie jetzt weiß:
Ihr Leben hier zu einsam war!

Fort will sie fahren, nur weit weg
Dorthin, wo alles anders ist
Sie starrt zum kalten Schienensteg
Und nur ein Wind ganz leise weht
Dort, wo ihr Mann sie nie mehr küsst

Kein Mensch steigt aus,
kein Mensch steigt zu
Der Zug wohl wartet nur auf sie
Sie trägt schön warme Winterschuh
Und übern Bahnsteig schleicht sich Ruh
Es ist noch zeitig in der Früh

Die Reisetasche, braun und voll,
steht auf dem Bahnsteig neben ihr
Hier ist's so still, hier ist's nicht toll
Sie will nur gehen ohne Groll
Da schlägt die Bahnhofsuhr laut: Vier!

Der Schaffner pfeift, der Zug rollt an!
Die Tür vom Wagen ist noch auf!
Wenn sie jetzt flieht, wo kommt sie an?
Bringt sie der Zug zum Glück sodann?
Sie steigt die Wagentreppe rauf!

Und springt herab, der Zug fährt fort!
Ein Wind nur streicht ganz sacht daher
An diesem unwirklichen Ort
versiegt manch Traum
und auch manch Wort
Von fern nur pfeift der Zug recht schwer

Und wieder steht sie schweigend da
Der Schnee fällt leis auf Bahngleis 2
Egal, was war, was auch geschah,
ihr wird es plötzlich sonnenklar:
Ein andrer Zug kommt bald herbei …

Roter Ball

Es sprang ein Ball vor meiner Nase
So auf und ab und auf den Weg
Zertrümmerte wohl eine Vase
Und sprang nur hin vor meiner Nase
Ein leiser Wind hat lau geweht

Es war ein großer Ball, ein roter
Der sprang und kullerte dahin
Wo kam er her, und wie – und – oder?
Es war ein schöner Ball, ein roter
Und plötzlich war ich wieder Kind

Sprang in Gedanken auf und nieder
Und spielte mit dem roten Ball
Sang immerfort die gleichen Lieder
Und spielte Ball im Garten wieder
Wo ich so glücklich, fröhlich mal

Doch rollte fort der Ball behände
War irgendwann nicht mehr zu sehn
Noch immer klatsch ich in die Hände
Es war nicht einsam im Gelände
Dort, wo die sanften Winde wehn

Der Ball ist fort, es war ein roter
Und ich war Kind, ein kurzes Stück
Wo kam er her, wieso – und – oder?
Es war ein schöner Ball, ein roter!
Und bracht ein längst vergessenes Glück

Nebel

Nebelschleier über Feldern
Nebelbänke überall
Undurchdringlich in den Wäldern
Und manch Weg ist feucht und schmal

Nebel auch in meiner Seele
Nimmermehr wird's klarer dort
Das mein Feuer weiter schwele,
wünschte ich mir immerfort

Nebel überm Friedhofsgarten,
wabert zwischen Gräbern hin
Nein, ich will nicht länger warten
Will nach andern Orten ziehn

Doch die Nebel stehn behände
voller Unklarheit und Hass
Ach, es zittern meine Hände
Nebel machen wenig Spaß

Selbstlos bleib ich hier am Orte
Nur mein Traum flieht vor der Zeit
Nebel dämpfen manche Worte
Hab längst den Entschluss bereut

Und die Nebel ziehen weiter
Bald schon sind sie nicht mehr hier
Ja ich weiß, dann werd ich heiter
Und es freut sich Mensch und Tier

Sie wollten fröhlich baden gehn
Am Tag wie heute, gegen 10
Ein Meeresrauschen, sanft und leis
Man ahnte nicht, was man jetzt weiß
Und Kinder lachten, wunderschön

Da bebte kurz die Erde mal
Nicht stark, nicht schlimm, ganz ohne Knall
Dann war es still und nichts schien schlecht
Die Sonne brannte heiß und echt
Vor jenem letzten Wasserfall

Von fern sah sie so seltsam aus
Die Woge, riesig, wie ein Haus
Die Menschen schauten, staunten auch
Weil es so gut nach Sommer roch
Noch lebten Strand, Hotel und Haus

Doch als das erste Boot verschwand
Ein Wellenrauschen es verschlang
Das Ufer schwand ins Meer zurück
Sich schnell getürmt mit Sand und Schlick
Da sind die Menschen fortgerannt

Es krachte und es knallte laut
Es stürzte ein, was einst gebaut
Die Flut brach ein, nahm alles mit
Sie ließ den Leuten nicht ein Stück
Das Leben schien vom Tod geklaut

Als das Getöse dann vorbei
Schien alles aus, so einerlei
Den Strand, den Urlaub gab's nicht mehr
Manch Blick, manch Hoffnung starr und leer
Nur blieb ein Tränenmeer, ein Schrei

Die Mutter, die ihr Kind verlor
Der Kleine mit dem Ring im Ohr
Ein Vater, der umhergeirrt
Weil die Familie zerstört
Am Ort, wo aller Traum erfror

Am Ufer bleib ich lange stehn
Es war ein Tag wie heute, schön
Das Meer, es rauscht mal laut, mal leis
Heut weiß ich, was nun jeder weiß:
Sie wollten fröhlich baden gehn

Späte Heimkehr

Es steht ein Haus am Waldesrande
Und es fällt Schnee so weiß und sacht
Gar friedlich liegt dies deutsche Lande
Gar friedlich ist der Tag, die Nacht

Ihr Name ist Frau Martha Krause
Ihr Mann, der Kurt, zog in den Krieg
Nie kam er von der Front nach Hause
Und Martha hofft lang auf den Sieg

So viele Jahre sind vergangen
Der Krieg, das Sterben – alles aus
Sie hat mit Kurt sich gut verstanden
Vor vielen Jahrn in diesem Haus

Sie steht am Fenster, schaut zum Walde
Ob Kurt den Weg zum Haus noch find´?
Er wird wohl kommen, ziemlich balde
Und in den Bäumen spielt der Wind

Der Schnee türmt auf sich um das Häuschen
Und Martha wird es ziemlich flau
Vorm Ofen piepst ein kleines Mäuschen
Und draußen wird es kalt und grau

Da stapft durchs wüste Schneegestöber
Ein junger Mann bis vor das Haus
In Uniform und Stiefelleder
Schaut er wie ein Soldat wohl aus

Er starrt zum Fenster und zu Martha
Die schiebt leis die Gardine fort
Sie hat wohl Tränen unterm Haar da
Und beide sprechen nicht ein Wort

Sie nimmt die Feldpostbriefe an sich
Die von der Front ihr Kurt einst schrieb
Und fühlt sich leicht und gar nicht grantig
Und hat den Kurt noch immer lieb

Sie geht hinaus zu jenem Manne
Der küsst sie sacht auf ihre Stirn
Der Schneesturm tobt
durchs deutsche Lande
Und kann doch gar nichts mehr zerstörn

Die beiden stapfen bis zum Walde
Und Schnee hüllt sie wien Schleier ein
Kurt war gekommen, ziemlich balde
Und beide wollen endlich heim

Es wacht ein Haus am Waldesrande
Und es fällt Schnee so weich und sacht
Und friedlich ist's im deutschen Lande
Und Martha hat sich aufgemacht ...

Luftschiff nach Liegnitz

Weit hinaus sehnt sich mein Traum
Zu der Stadt in Schlesien, ach
Liegnitz hinter Feld und Baum
Malerisch, am Katzbach-Saum
Zieht mein Luftschiff übers Dach

Breite Straßen, sehr belebt
Burg und Kirche, Plätze auch
Brunnen sprudeln, Wind, der weht
Worte, die man gut versteht
In die Seel der Stadt ich tauch

Lautlos bis zum „Kleinen Ring"
An der „Eichschule" vorbei
Bis zur „Siegeshöhe" hin
„Liegnitz-Bombe" essen gehn
Mit dem Luftschiff - glücklich, frei

Vom „Piastenschloss" so süß
Bis zum „Wilhelmdenkmal" dann
Weinhandlung „Zum alten Fritz"
Ich den „Flootenblaaser" grüß
Übern „Großen Ring" sodann

„Kaiser-Friedrich-Brücke", da!
„Vogt's Etablissement"!
„Brinkendorf" ich wiedersah!
Und „Kähl's Gasthof" – sonnenklar!
Sehnsucht keine Grenzen kennt!

„Dovestraße", „Wachtelkorb"
Alles überquer ich flugs
Ist noch da und doch schon fort
Dieser wundervolle Ort
Liegnitz, allerliebster Gruß

Doch die Nacht schwimmt bald dahin
Und davon mein Luftschiff fliegt
Ach, mein Liegnitz lebt tief drin
Irgendwo in Herz und Sinn

Hab mein Liegnitz ewig lieb

INHALT

6	Meine Heimat
7	Heimat
9	Nach Hause
11	Suche
12	Am Meer
14	An Gott
16	Besuch im Herbst
19	Dämmern
21	Kühle
23	Eine Weihnachtsgeschichte
27	Mona Lisa
28	Im Wald
30	Heimgang
31	Regenguss
32	Sturm
33	Traum
34	Kalter Winter
37	Abschied
39	Morgen
41	Erinnerungen
43	Frühlingsweise
44	Zeit
47	Das Leben
49	Alte Frau
50	Regennacht
51	Der letzte Sommer
54	Besuch am Grab
56	Flieger
57	An die Eltern
61	Leuchtturm
63	Naher Winter
65	Letzter Sommer
66	Tod
68	Der Fremde
70	Überflieger

72	Der alte Baum
74	Erinnerung
76	Flucht
78	Träume der Erinnerung
82	Mondloser Abend
84	Nordwind
86	Für meine Mama
88	Erinnerungen
92	Aufbruch
93	Diesiger Ort
94	Flammen
95	Woandershin
96	Menschenleeres Haus
98	Unterm Baum
99	Mutter
100	Herbst
101	Glauben
103	Alter Mann
104	Besuch
106	Das Tier
109	Begegnung
111	Kleiner Junge
112	Letzter Sommer
113	Träumerei
114	Eine Geschichte
117	Mutter und Sohn
119	Die Herde
121	Ohne Titel
124	Winter
125	Beim Engel
127	Irgendwo
130	Daheim
132	Eine Frau
136	See der Tränen
138	Am See

140	An Gott
142	Soldaten – Sang
145	Für meine Mama
147	Am Straßenrand
149	Hafenbar
152	Am See
155	In der Bucht
157	Am Deich
159	Heimkehr
162	Ohne Titel
164	Watt
166	Zeit der Störche
170	Letzte Reise
175	Blizzard
178	Gewitter am See
182	Glogaulied
187	An einen Soldaten
190	Die Tänzerin
193	Kraniche
195	Fjord
197	Der Stieglitz
199	Nach Hause
201	Bahnsteig 2
203	Roter Ball
205	Nebel
208	Späte Heimkehr
211	Luftschiff nach Liegnitz

Herstellung und Verlag:
BoD - Books on Demand, Norderstedt
ISBN 978-3-7347-5768-6